현대 한국어 형태론 개론

An Introduction to Modern Korean Morphology

现代韩国语形态学概论

苏畅 卢薇薇 韩月玲 ◎ 著

http://press.hust.edu.cn

中国·武汉

图书在版编目(CIP)数据

现代韩国语形态学概论/苏畅,卢薇薇,韩月玲著. — 武汉:华中科技大学出版社,2023.12
ISBN 978-7-5772-0179-5

Ⅰ.①现… Ⅱ.①苏… ②卢… ③韩… Ⅲ.①朝鲜语-语言学 Ⅳ.①H55

中国国家版本馆CIP数据核字(2023)第228115号

现代韩国语形态学概论
Xiandai Hanguoyu Xingtaixue Gailun

苏畅 卢薇薇 韩月玲 著

策划编辑:刘 平
责任编辑:刘 平
封面设计:廖亚萍
责任校对:张汇娟
责任监印:周治超

出版发行:华中科技大学出版社(中国·武汉)　　电话:(027)81321913
　　　　　武汉市东湖新技术开发区华工科技园　　邮编:430223
录　　排:孙雅丽
印　　刷:武汉市籍缘印刷厂
开　　本:787mm×1092mm　1/16
印　　张:11.5
字　　数:245千字
版　　次:2023年12月第1版第1次印刷
定　　价:39.80元

本书若有印装质量问题,请向出版社营销中心调换
全国免费服务热线:400-6679-118　竭诚为您服务
版权所有　侵权必究

前　言

"形态学（morphology）"一词源于古希腊语。19世纪初，德国大文豪歌德（Johann Wolfgang von Goethe）创构此术语。"形态学"一词最早用于生物学、地质学。19世纪中叶，德国语言学家奥古斯特·施莱赫尔（A. Schleicher）首次将此术语引入语言学。形态学是研究形态的学科，而语言学中的"形态学"是语法学的一个分支，是指研究词的内部变化现象与规则，以及构词方法的学问。

《现代韩国语形态学概论》是专门为我国高校韩国语专业学生学习与研究韩国语屈折法、构词法撰写的一部理论专著，适用对象以各类院校具有韩国语中高级水平的本科生、韩国语专业硕士研究生为主，同时也可供韩国语教师、研究者、翻译工作者、自学者阅读参考。本书共分九个章节，系统、全面阐述了韩国语词汇的内部结构以及构词规则。考虑到我国学生的学习特点与学习需求，作者在谈论韩国语的部分语法现象时，基于语言类型学的视角，对相关语法现象在汉语、英语等语言中如何呈现也进行了解读，以便帮助读者更好地理解现代标准韩国语形态学的相关知识。

本书在编写过程中，吸收了国内外韩国语形态学研究的最新成果，参考了国内外大量韩国语语法理论书籍、教材，以及语言类型学相关著作。在保持一定广度和深度的前提下，作者在本书各章节的编写过程中，注意兼顾内容的系统性、科学性、实用性与趣味性。本书在介绍每一个语法概念时，均提供韩文术语以及中文对应术语，必要时还提供部分英文术语，以加深读者对语法概念的理解，同时为读者日后阅读韩文原版语法学类书籍奠定基础。此外，对一些晦涩难懂的语法现象，我们尽可能地做出详细说明，并提供实用的例句、翔实的图表等，力求做到简明扼要、浅显易懂。书中展示的例句大多来自韩国日常生活用语，以及近年来在中韩两国出版的比较规范的著作与辞书，每个例句均附有通俗易懂的汉语译文。

本书由玉溪师范学院苏畅老师策划并编写大纲，玉溪师范学院卢薇薇老师及青岛航空科技职业学院韩月玲老师参与编写，最后由苏畅老师统稿。各章编写分工如下：卢薇薇老师编写第一章至第四章；苏畅老师编写第五章至第八章及后记；韩月玲老师编写第九章。

  在成书过程中，本人博士研究生导师——韩国全南大学的宋炅安（송경안）教授给予了殷切关怀，提出了宝贵建议；华中科技大学出版社的刘平编辑，以及学生时代的同窗益友秦亚伟、曹之玉和康奇，自始至终给予了热情的支持。在此，特向他们致以诚挚的敬意与感谢。限于作者水平和经验，书中疏漏与舛误在所难免，恳请学界前辈及读者不吝指正，我们会在韩国语学习、教学与研究之路上继续砥砺前行。

苏畅

2023年1月19日于玉溪

目　录

第一章　语言和韩国语　1
　一、语言　1
　二、韩国语与韩文　2
　三、人类语言的特征　7
　　（一）创造性　7
　　（二）任意性　8
　　（三）学习的必要性　9
　　（四）社会性　9
　四、韩国语的特征　11
　　（一）韩国语的形态特征　11
　　（二）韩国语的句法特征　15
　　（三）韩国语的其他特征　18

第二章　语法与韩国语语法　23
　一、语法的含义　23
　二、韩国语语法的研究领域与研究方法　25
　　（一）韩国语形态学　26
　　（二）韩国语句法学　28

第三章　词素与词　30
　一、语节与短语的划分原理　30
　二、词素　31

| （一）词素的含义 | 31 |
| （二）词素的种类 | 32 |

三、词　　36
　（一）词的含义　　36
　（二）韩国语语法学者的词观　　37
　（三）语节、词素、词的关系　　38

第四章　韩国语的词与词类　　39

一、划分词类的意义　　39
二、词类的划分标准　　39
三、词的种类　　41
　（一）体词　　43
　（二）谓词　　43
　（三）关系词　　44
　（四）修饰词　　44
　（五）独立词　　45
四、词的兼类　　46

第五章　体词　　48

一、名词　　48
　（一）名词的特征　　48
　（二）名词的种类　　50
二、代词　　57
　（一）代词的特征　　57
　（二）代词的种类　　58
三、数词　　64
　（一）数词的特征　　64
　（二）数词的种类　　65

第六章　谓词与活用　　68

一、谓词　　68
　（一）动词的特征与种类　　68

（二）形容词的特征与种类	72
二、辅助谓词	74
（一）辅助动词	75
（二）辅助形容词	79
三、谓词的活用	80
（一）谓词活用概述	80
（二）谓词活用的种类	83
（三）基本形、词干、词尾	83
（四）活用的不完全性	85
（五）规则活用与不规则活用	86
四、词尾	95
（一）词尾的特征与种类	95
（二）先语末词尾	97
（三）语末词尾	99
（四）词干与词尾的结合	103

第七章 关系词 106

一、助词的特征与种类	106
（一）助词的特征	106
（二）助词的种类	109
二、助词的结合	116

第八章 修饰词与独立词 118

一、冠形词的特征与种类	118
（一）数量冠形词	119
（二）指示冠形词	120
（三）性状冠形词	121
（四）冠形词的结合	122
二、副词的特征与种类	123
（一）成分副词	124
（二）句子副词	127
三、感叹词的特征与种类	129

第九章　词的形成原理　132

一、词的结构　132
（一）单纯词与复合词　132
（二）合成词与派生词　133

二、词根与词缀　134
（一）词根的规则性与不规则性　134
（二）词缀的种类　135
（三）词根与词缀的结合　136

三、派生法　137
（一）前缀派生法　137
（二）后缀派生法　141

四、合成法　149
（一）合成法的种类　149
（二）合成词与词组的区别　150
（三）合成名词　151
（四）合成动词　154
（五）合成形容词　156
（六）合成副词　157
（七）重叠合成词　158

五、合成词的派生　160

六、汉字词的构词法　161
（一）汉字词的构词特征　161
（二）汉字词派生法　162
（三）汉字词合成法　166

参考文献　170

后记　172

第一章
语言和韩国语

一、语言

人们需要通过语言来交际，借助语言来认识世界，思考问题。那么语言究竟是什么？有人说语言是文化的镜子，是艺术的媒介，也有人说语言是思维认知的工具等。由于语言的性质较为复杂，加上每个人的观察角度不同，因而对语言的认识就存在差异。语言学界通常从语言的结构、功能视角来界定"语言"这一概念。[①]从结构上看，语言是复杂的符号系统，具有符号性和系统性。从功能上看，人们通过语言来认识世界，通过语言来进行社会交往，因而语言具有思维认知功能与社会交际功能。本章将基于哲学观点，从探讨人与动物的本质差异出发，进而阐述什么是"语言"。

提到人与动物的本质差异，很多人会脱口而出："人类会使用语言，动物不会。"然而动物也有自己的语言。蜜蜂用"8字舞"告知同伴采蜜的方向和距离，狼依靠40多种叫声互相传递信息，蚂蚁通过分泌激素告知同伴食物的具体方位。很显然，能否使用语言，并非人与动物的本质差异。在生活方式上，一百年前的麻雀与现在的麻雀可谓大同小异，而一百年前的人类，在生活方式上，却与当今人类大相径庭。动物无法摆脱自然界的束缚，它们在大自然面前无计可施，因而止步不前。人类可以能动地利用自然，改造自然，从而丰富和方便自己的生活。太阳能热水器、飞机、智能手机、杂交水稻、新冠疫苗等都是人类利用自然、改造自然的产物。由此可知，利用自然、改造自然才是人类区别于动物的本质特征。

人类利用自然和改造自然始于农耕社会，在这一过程中农耕文化应运而生。英文中由cultivate（耕作）衍生出的culture（文化）一词是对此最佳的印证。换言之，人类改造自然的过程也可以被称为人类创造文化的过程。文化的创造并非一蹴而就，需要通过交流合作、知识的积累与传授才能实现。语言是这三种活动得以开展的基础，没有语

[①] 邢福义.语言学概论[M].武汉：华中师范大学出版社，2010：2.

言，人类的文化创造活动也就无法实现。

能动地利用大自然、改造大自然、创造文化是人类区别于动物的本质特征。除此之外，社会性也是人类的重要特征，但这种特征在蜜蜂、蚂蚁等动物群体中也能观察到，因而社会性并非人类独有的特征。所谓社会，是以一定的物质生产活动为基础而相互联系的人类生活共同体。人是社会性的动物，需要与他人共同生存、共同生产劳动。人类的物质生产活动离不开人与人之间的思想交流，而思想交流的媒介则是语言。除了物质生产活动，人类的日常生活也离不开语言。据有关研究显示，在日常对话中，人类平均每小时使用4000～5000个词，读书时平均每小时阅读14000～15000个词。虽然每个人的语言生活存在差异，但每人每天平均处理10万左右的词。①无论在独处时，还是在梦中，人类几乎每时每刻都在直接或间接地使用语言。语言在维系人类的物质生产活动、维系人类社会的过程中发挥的作用不言而喻。如前所述，语言的性质十分复杂，人们对语言的认识也千差万别。结合语言的功能特征以及语言与文化的关系，我们认为：语言是人类认识世界、交流思想的工具，它维系着人类的社会生活，是使人类的文化创造、传承及发展成为可能的基本手段。

二、韩国语与韩文

据推测，地球上存在7151种语言，有些语言的使用人口高达数亿，例如，英语和汉语。有些语言仅有数百或数十人使用，例如，非洲偏远地区或南洋小岛上土著人的语言、澳大利亚原住民的语言。如表1-1所示，英语是世界上使用人口最多的语言，汉语即Mandarin Chinese②位居第二。印度北部的印地语赶超西班牙语，跻身世界使用人口前三名的语言之列。韩国语的使用人口数约为7200万人，受经济衰退、低生育率③等社会现象的影响，韩国语使用人口排名已由2014年的第13名④降至28名。从语言的使用范围来看，除朝鲜半岛之外，韩国语的使用者广泛地分布在中国、日本、乌兹别克斯坦、哈萨克斯坦、俄罗斯等国以及欧洲、美洲等地。

---

①송경안.언어의 이해[M].서울：신아사，2018：9.

②Mandarin一词来源于葡萄牙语，有官员、公文之义或指书写公文时所使用的标准语。在语言学领域Mandarin Chinese一词指代"标准中国语"。

③韩国自2001年进入超低生育率国家行列，2010年的总生育率为1.22名，远低于生育更替水平（2.1）。详见：朴银淑.韩国社会与文化[M].北京：外语教学与研究出版社，2017：12-16.

④구본관，박재연，이선웅 외.한국어 문법 총론1[M].서울：집문당，2015：30.

表1-1　使用人口位居世界前20位的语言

排名	语言	使用人口（百万）	排名	语言	使用人口（百万）
1	英语	1500	11	印度尼西亚语	199.0
2	标准汉语	1100	12	标准德语	134.6
3	印地语	602.2	13	日语	125.4
4	西班牙语	548.3	14	尼日利亚皮钦语	120.7
5	法语	274.1	15	马拉地语	99.1
6	标准阿拉伯语	274.0	16	泰卢固语	95.7
7	孟加拉语	272.7	17	土耳其语	88.1
8	俄语	258.2	18	印度泰米尔语	86.4
9	葡萄牙语	257.7	19	中国粤语	85.6
10	乌尔都语	231.3	20	越南语	85.3

注：表中数据为2022年的数据。（资料来源：民族语言网 https：//www.ethnologue.com）

世界上的语言虽有7000余种，但有文字的语言不过300余种。在世宗大王（세종대왕）创立训民正音（훈민정음）的15世纪中叶之前，朝鲜半岛只有语言没有文字，受汉文化的影响，统治阶层在西汉汉惠帝时期就欲以汉字作为记录其文字的手段。据史料记载，在韩国古代的三国时期就有借用汉字书写的记录，新罗在545年编纂的《国史》（<국사>），百济在375年编纂的《书记》（<서기>）[1]是最好的例证。古代韩国最初采用汉字来书写人名、地名等专有名词。例如，《三国遗事》（<삼국유사>）中借用汉字的"义或音"标记的人名"赫居世王（혁거세왕）或作弗矩内王（불구내왕）"。进入5世纪，统治阶层开始借用汉字标记韩文的句子。主要方式有"吏读（이두）""乡扎（향찰）"与"口诀（구결）"三种。吏读是用汉字按照韩国语的语法体系与语序进行标记的一种特殊的文字表达方式。先把汉文中的句子成分按照韩国语"主语+宾语+谓语"的语序进行排列，并使用汉字记录韩国语的助词、词尾等语法形态。吏读是朝鲜半岛翻译与注释中国古文书籍的重要手段，最为经典的当属用吏读方式注释的中国明朝时期编纂的《大明律》，这部法典影响了朝鲜半岛500年之久。吏读从7世纪开始一直沿用至19世纪末[2]才退出历史舞台，这与统治阶层使用汉字进行文化生活密不可分。乡扎是从新罗时期沿用至高丽初期的一种汉字借用标记法，其实质也是一种吏读。其特点为"训主音从（훈주음종）"，即体词、谓词等实词采用借义的"训读"方式标记，助词、词尾等虚词采用借音的"音读"方式标记。使用乡扎标记的经典乡歌为《祭亡妹歌》（<제망매가>）。口诀是指在汉文原文中，根据句子结构借用汉字的音和义标记韩国语的助词和词尾，并

---

[1] 尹悦.韩国文化教程[M].上海：华东理工大学出版社，2021：83.
[2] 王丹.大学韩国语语法[M].北京：北京大学出版社，2012：6.

将它们插入句中的一种汉字借用标记法。口诀从新罗时期开始一直沿用至朝鲜时期，它为古代韩国人阅读与理解汉文书籍提供了便利。

(1) a. 本國乙 背叛爲遣
　　 b. 石乙投多
　　 c. 天地萬物之中厓 唯人伊 最貴爲尼

例（1）a出自《大明律直解》(<대명률직해>)，其对应的《大明律》中的汉文原文为"背本國"，如采用吏读标记，则需先将语序变为"本國背"。按照句子结构与句义表达的需要，再使用汉字标记出韩国语中特有的助词和词尾，从而将此句变为"本國乙 背叛爲遣（본국을 배반하고）"。其中"本國"为汉字原文，"背叛"是将汉文中省略的"叛"补充完整后得到的。助词"을"通过借音（음차）标记为"乙"，而连接词尾"하고"中的"하"通过借义（훈차）标记为"爲"，"고"通过借音（음차）标记为"遣"。乡扎是创作乡歌时使用的借字标记方法，它与吏读并没有实质性的差异。例（1）b对应的汉文"投擲石頭（돌을 던지다）"如采用乡扎标记，将变为"石乙投多"。其中"돌，던지-"为实质词素（실제형태소），采用借义标记的方法，变为"石，投"。助词"을"与终结词尾"다"为形式词素（형식형태소），因此采用借音标记方法，变为"乙"和"多"。例（1）c中的这句话是《童蒙先習》(<동몽선습>)中使用口诀标记的典型例句。"천지만물중에 유인이 최귀하니"。这句话不但维持了汉语的语序，而且其中的实质词素也保留了汉文原文，仅助词与词尾采用了借字标记法。其中助词"厓、伊"等是借用汉字发音进行书写的"音读口诀"，分别对应现代韩国语的"에，이"。词尾"爲尼"中的"爲"是借用汉字意思进行书写的"训读口诀"，对应现代韩国语的"하"。而"尼"是借用汉字发音进行书写的"音读口诀"，对应现代韩国语中的"니"。口诀与此前介绍的吏读不同，它并未改变汉文的语序，而是根据句子的结构与句义，借用汉字的音或义标记出韩文的助词与词尾，并将它们插入句中的一种标记方法。此外，例（1）c中的"厓"也经常被记录为"厂"。像这样只借用汉字的一部分来标记韩国语的助词或词尾的现象，在口诀中也非常常见。再比如，"隐"标记为"阝"，"也"标记为"フ"等。在朝鲜半岛没有文字的情况下，采用吏读、乡扎与口诀等来记录文字可谓是一种积极的且富有创新性的尝试。由于作为表音文字的韩国语是一种黏着语，句子各构成部分的语法关系由助词与词尾来体现，而作为表意文字的汉语是孤立语，句子各构成部分的语法关系主要由语序和虚词来体现，在使用汉字书写韩国语时，既要考虑语序的不同，又要考虑如何用汉字来表示韩国语的助词与词尾，因此在实践的过程中遇到了诸多不便，无论何种汉字借用标记法都有一定的局限性，都无法满足用韩国语表达的需要，因此统治阶层开始了新的尝试。

1443年朝鲜第四代王——世宗大王利用象形（상형）、加（笔）画（가획）、合用（합용）等原理创造了属于朝鲜半岛的文字"训民正音"，即教导百姓的正确发音，这使得韩国语成为世界上为数不多的拥有文字的语言。如表1-2所示，首先，受象形文字的启发，世宗大王模仿朝鲜人在说话时所使用的发音器官的模样，创制了5个基本辅音"ㄱ，ㄴ，ㅅ，ㅇ，ㅁ"。发音时舌根阻塞咽喉的形状就是"ㄱ"；舌尖抵住上齿龈的形状就是"ㄴ"；"ㅅ"是牙齿的形状；"ㅇ"是喉咙的形状；"ㅁ"是模仿嘴唇的模样。世宗大王在创制了5个基本的辅音后，在这些辅音的基础上通过添加笔画，又创造出了另外的12个辅音。

表1-2 训民正音中的辅音

	어금닛소리 （牙音）	헛소리 （舌音）	입술소리 （唇音）	잇소리 （齿音）	목구멍 소리 （喉音）
기본자（基本字）	ㄱ	ㄴ	ㅁ	ㅅ	ㅇ
가획자（加画字）	ㅋ	ㄷ	ㅂ	ㅈ	ㆆ
		ㅌ	ㅍ	ㅊ	ㅎ
이체자（异体字）	ㆁ	ㄹ		ㅿ	

世宗大王模仿天（하늘）的形状创制了"·"，根据平坦的大地（땅）的形状创制出了"ㅡ"，模仿站立的人（사람）的形状创制出了"ㅣ"。如图1-1所示。通过这3个基本的元音相互结合以及加画原理，世宗大王又创制出了"ㅗ，ㅏ，ㅜ，ㅓ，ㅛ，ㅑ，ㅠ，ㅕ"等另外8个元音。

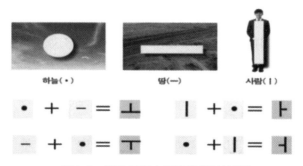

图1-1 训民正音中元音的创制过程①

资料来源：국립국어원.세종한국어1[M].서울：도서출판 하우，2018：16。

世宗大王利用象形原理以及加画原理创制出17个辅音与11个元音，后又在28字的基础上运用合用（합용）的方法，创制了"ㅘ，ㅝ，ㅚ，ㅐ，ㅔ，ㅒ"等元音字母，运用并书（병서）的方法创制了"ㄲ，ㅃ，ㄸ，ㅆ，ㅉ，ㄴㄴ，ㅇㅇ，ㅎㅎ"等同字并书（동자

---

①국립국어원.세종한국어1[M].서울：도서출판 하우，2018：16.

병서）与"ㅺ, ㅼ, ㅽ, ㅢ, ㅤ, ㅤ, ㅤ, ㅤ, ㅤ, ㅄ, ㅼ, ㅆ, ㅥ, ㅳ, ㅽ, ㅺ, ㅥ, ㅳ, ㅺ, ㅄ, ㅳ"等异字并书（이자병서）。同时，他还运用连书（연서）的方法创制了"ㅸ, ㅹ, ㅱ, ㆄ"等辅音字母。

"训民正音"创制之后，世宗大王还组织集贤殿学者对文字的创制原理、使用方法等进行详细阐述，并于1446年颁布了《训民正音解例本》（<훈민정음해례본>）。《训民正音解例本》还对"训民正音"蕴涵的中国哲学思想以及中国文化进行了详细解读。具体来说，首先，元音字母的创制，充分体现出中国阴阳五行理论中的"阴阳原理"。在3个基本元音的基础上，通过阴阳交合原理创制出其他元音。例如，"ㅗ, ㅜ"是象征天的"圆"与象征地的"横"的组合，表现了太阳从大地升起，由大地落下的基本原理。从发音上看，"ㅗ"洪亮而"ㅜ"低沉。再如，"ㅏ, ㅓ"是象征天的"圆"与象征人的"竖"的组合，表现了太阳从人的东边升起，由人的西边落下的基本原理。从发音上看，"ㅏ"洪亮而"ㅓ"低沉。因此"ㅗ, ㅏ"等元音被称为阳性元音，而"ㅜ, ㅓ"等元音被称为阴性元音。如前所述，世宗大王依据韩国人发音时所使用的发音器官的形状，先创制出5个基本辅音，后在此基础上通过添加笔画等原理和方法创造出另外的12个辅音，这也深受中国传统语音以及汉字六书①中"象形、指事"②原理的影响。只是汉字六书中"象形"展示了汉字"字与意"的对应，而韩文辅音创制时的"象形"则展示了"字与音"的对应。此外，韩文辅音字母的形状与发音又与"金、木、水、火、土"五行原理紧密相扣。③例如，喉音是指从喉咙中发出的声音，喉咙处于湿润的状态，因而相当于"五行"中的水。

韩文是世界上少有的有明确创制时间与创制者的文字。韩文在元音与辅音字母创制过程中，运用的象形、加画、合用、并书、连书等原理充分展现了韩文创制的科学性。正是由于韩文的独创性与科学性，因而得到了国内外学术界的关注与认可。美国著名女作家，诺贝尔文学奖获得者赛珍珠（Pearl S. Buck）曾赞扬，"韩文是世界上最简单而又最伟大的文字"（한글은 전 세계에서 가장 단순하며 가장 훌륭한 글자이다）。美国马里兰大学教授罗伯特·拉姆塞（Robert Ramsey）称"韩文是世界上最优秀的文字（한글보다 뛰어난 문자는 없다）"。联合国教科文组织（UNESCO, UN）每年选拔出为扫盲做出贡献的个人或者集体并颁发奖项，该奖项被命名为"联合国教科文组织世宗大王扫盲奖（UN King Sejong Literacy Prize）"。1997年联合国教科文组织将《训民正音解例本》

---

① 汉代学者将汉字的构成与使用方式归纳为"象形、指事、会意、形声、转注、假借"6种类型，总称六书。

② "指事"是指用象征性的符号或在象形字上加提示符号来构造汉字形体，用来表示无法描绘的事物或抽象概念的造字法。

③ 尹悦.韩国文化教程[M].上海：华东理工大学出版社，2021：92.

列入世界记忆遗产名录。韩国将每年的十月九日定为"韩文节（한글날）"，以此纪念"训民正音"的创制，弘扬"训民正音"所传递的"自主、平等与民本"的思想。

三、人类语言的特征

人类的语言与动物的信号语言有着本质的差别。第一，信号语言在数量上十分有限。鱼类的信号语言有10~15种，鸟类的信号语言有15~25种，哺乳动物的信号语言有20~40种。而人类的语言至少包含数万到数十万个词，这些有限的词又可以生成无限个句子。因此，动物的信号语言在数量上无法与人类的语言相提并论。第二，人类能够以语言为媒介形成社会，创造文化，完成知识与经验的积累和传授，而动物的语言却不具备这样的功能。第三，人类对语言的学习与掌握是由人类所处的语言、文化环境决定，不由遗传决定。讲汉语的孩子并非因为父母是中国人，父母使用汉语交流才学会了汉语，而是因为他们身处使用汉语的社会环境中，自然学会了汉语。相反，动物获得的信号语言则不受环境的影响，是由遗传决定。亚洲、欧洲以及南美洲的麻雀虽生活在不同的大洲，但它们所发出的信号语言是完全相同的。同样，麻雀也不会因为与喜鹊在一起生活而学会喜鹊的叫声。以下，我们将结合韩国语以及其他语言来详细探讨人类语言的几种特征。

（一）创造性

创造性是人类语言具有的重要特征之一。当我们浏览图书馆数以万计的藏书时，会惊奇地发现每本书几乎没有一句话是完全相同的。新的词汇及流行语适应时机、潮流源源不断地涌入我们的日常生活。人类可以在语言规则的指导下，利用有限的语言符号，创造出无限个不同的句子，而动物的信号语言则不具有创造性特征，动物之间传递的信息也十分有限。动物的信号语言仅在某些固定的场景中使用，例如，只有当遇到危险时，拥有36种信号语言的长尾猴，才会以不同的声音来告知同伴潜在危险的等级。

那么，人类语言中的无限个句子是如何产生的呢？语言是由音素、音节、词素、词、句子等多个语言单位构成的层级装置。以"저 똑똑한 학생이 어려운 문제를 잘 푼다（那个聪明的孩子难题解决得很好）"这句话为例，通过下面的树状图可知，此句主要由名词性短语（NP）与动词性短语（VP）构成。其中动词性短语还可以被拆分成"名词性短语（NP）+动词性短语（VP）"的结构，即在一个句子中，相同的句式结构可以反复使用，从而将简单句变为复杂句。同时，如图1-2所示，我们还可以观察到语言的表面结构是线性的，但语言的深层结构是有层级的、纵向延伸的。

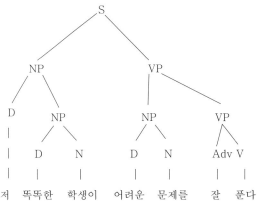

图1-2 语言的层级构造

语言符号构成的这种层级装置依靠组合（결합）与替换（대치）来运转。组合是指某一语言符号其前或其后可以添加其他的语言符号，从而构成更高一级的语言单位，这时可以相互结合的语言符号之间的关系就是组合关系（통합관계）。例如，在"높은 하늘이 푸르다（高空蔚蓝）"这句话中，名词"하늘（天空）"前可添加修饰其的"높은（高高的）"。而"하늘"后可添加助词"이"，表示"하늘"在句子中作主语。以语节（어절）"하늘이"为单位，在"하늘이"与形容词"푸르다"之间还可以添加"항상（总是）"这一副词。"하늘"与"높은"之间的关系，"하늘"与"이"之间的关系，"하늘이"与"푸르다"之间的关系都可以被称为组合关系。替换是指语言链上的每一个符号可以换成其他符号以构成新的符号序列。能够相互替代的语言符号之间的关系被称为聚合关系（계열관계）。例如，在"저는 피아노를 쳐요（我弹钢琴）.""오빠는 피아노를 쳐요（哥哥弹钢琴）.""여동생은 피아노를 쳐요（妹妹弹钢琴）."这三个句子中"저, 오빠, 여동생"三个词的性质相同，均属于体词（체언），处在同一位置的这三个词都可以在句子中作主语，因而可以互相替换，从而构成三个新的句子。"저, 오빠, 여동생"三个词之间的关系就是聚合关系。由此可知，语言符号所具有的组合性、替代性特征，赋予了人类语言创造性的特征。

（二）任意性

什么是任意性？在威廉·莎士比亚（William Shakespeare）的戏剧作品《罗密欧与朱丽叶》（*Romeo and Juliet*）中有这样一段经典台词，较好地诠释了任意性。"What's in a name? That which we call a rose by any other word would smell as sweet（名字有什么关系？我们管玫瑰叫什么名字？把玫瑰叫作其他名字，它依然芳香）".[①]从这句戏剧台词中可以体会到，"玫瑰"一词的语义与语音之间不具有必然的联系。像这样，语言符号的语音

---

① William Shakespeare.Romeo and Juliet[M].Britain：Signet Classics，2000：29.

与语义之间不具有必然的、本质联系的特性就是任意性。依据索绪尔（Saussure）的符号理论，语言符号是能指（signifier，기표）与所指（signified，기의）的结合。换句话说，语言符号并非名称与事物的结合，而是听觉影像与概念的结合。[①]语音是语言符号的能指，语义则是语言符号的所指，语音与语义之间不存在必然的联系。例如语言符号"나무"的语音[나무]与语义"木本植物的通称"之间没有必然的、本质的联系。因为如果它们之间存在必然的联系，那么人类所有语言中的"木本植物的通称"这一语义对应的语音都应为[나무]，但事实并非如此。英语中为tree，法语中为arbre，德语中为baum，汉语中则是"树"。由此可知，语言是由任意的语音构成的符号系统。不同的语言在表达相同的意思时，所使用的语音不同，即使在同一种语言中，由于语言符号的任意性，语音与语义之间也可以自由选择。例如，多义词、同音词虽然语音相同，但表达的语义却不同。同义词，虽然语音不同，但表达的语义却相同。在方言中，语音与语义之间的任意性表现得更为明显。例如，在庆尚道方言中，"小狗"被叫作"강새이"，而标准语则为"강아지"。"青蛙"在标准语中被叫作"개구리"，而全罗道方言中则称其为"깨구락지"。在世界各国，操着不同方言的人之间无法交流的情况比比皆是，这也正是由于语音与语义之间具有任意性的缘故。但人类的某种语音一旦被赋予特定的含义，就具备了社会约束力，不会因个人的意愿而改变，否则，就会造成混乱。

（三）学习的必要性

有研究人员做过这样一个实验，将一只苍头燕雀与另外几只苍头燕雀隔离，并把它放入进行了隔音处理的房间，让它每天听一些非正常的声音，偶尔也会将录制好的其他苍头燕雀的叫声放给它听。实验发现，在这样的环境中长大的苍头燕雀与其他苍头燕雀的叫声以及叫声的种类竟完全相同。这个实验充分表明，动物不需要特定的环境，也不用刻意地学习，就能自然而然地掌握自己的语言。而对于人类来说，语言能力是人的生物学属性，是天生的，但如果人类的语言习得能力没有经过后天的开发与利用，人类就不可能自动地掌握语言。人类学习语言并熟练运用语言的过程是一个长期的、系统的输入与输出的过程，这与动物直接获取语言的过程截然不同。

（四）社会性

语言依附于社会而存在，它是社会交际的工具，社会性是语言的本质属性。语言从形成到发展变化甚至消亡，都与社会的意志与需要息息相关。语言无法脱离于社会而存在、变化、发展。

语言符号是由特定的社会群体集体创造的，这是自然语言区别于人工智能语言的重要特征之一。语言符号的形式与意义之间的关系是由一定的社会群体共同约定的。比

---

① 윤평현.국어의미론[M].서울：역락，2008：43.

如，交通信号灯中的红灯之所以代表"禁止"，绿灯之所以代表"行进"，"红灯"与"绿灯"两个符号与它们所代表的含义之间的理据性并不明确，说明符号与意义的关系是任意的，由全体社会成员共同约定的，不会因个人的意志而改变。人们之所以做出这样的约定，更多是基于心理与文化方面的原因。即红色代表血的颜色，象征着危险，而绿色代表植物的颜色，象征生命与安全。语言符号的组合规则也是约定俗成的。哪些符号与哪些符号能够组合，以什么样的方式组合，都取决于特定群体使用语言的惯例，如果得不到社会成员的认可，任何人都无法改变或制定语言的组合规则。

语言的变化与发展也离不开社会。旧词的消亡与新词的产生，都取决于社会的交际需要。20世纪80年代末，中国和韩国开始出现BB机或传呼机（삐삐），是一种能够呼叫通话和显示信息的通讯电子设备，通过一台小小的设备就能同家人、朋友取得联系，十分方便。因而在90年代中期，曾掀起人手一台BB机的浪潮，"BB机"一词成为那个时代的热词。但BB机工作原理烦琐，价格昂贵，功能上有局限性，最终退出了历史舞台，"BB机""有事您呼我（일이 있으시면 호출하세요）"这样的热词、热句也随之一去不复返。由于科学技术不断发展与新兴职业不断涌现，在一些专业领域中，也出现了一些新词，如人工智能（인공지능）、芯片（칩）、无人驾驶（무인자동운전）、网络主播（인터넷 스트리머）等。这些新词反映了人类社会无时无刻不在发生变化，新的事物、新的概念如雨后春笋般不断涌现的时代特征。

当一种语言不再作为社会交际的工具，满足社会交际的需要时，它自然会逐渐消亡。西方古代拉丁语的消亡就是典型的例证。拉丁语是古罗马帝国的通用语言，随着古罗马帝国日渐强大，罗马天主教会在罗马境内得势，作为教会优先使用的拉丁语也逐渐成为帝国内的"普通话"。据统计，地球上曾有将近1/4的人口使用拉丁语，其使用人口的广泛性一点都不亚于当代的英语。但拉丁语是一种"高度屈折"的语言，基于时态、格、数量、性别等，在使用时每个词可能都需要发生变化，难学且难理解。随着古罗马帝国的衰落、灭亡，拉丁语也不再是日常交际的语言。虽然拥有完整语言体系的古代拉丁语已经"死去"，但在意大利语、葡萄牙语、罗马尼亚语、法语和西班牙语等罗曼语族（romance）语言中，依稀能够找寻到拉丁语的印记，这些语言将拉丁语复杂的体系简化，形成了现在的"通俗拉丁语（통속 라틴어，vulgar latin）"。由于古代英语深受法语的影响[①]，因而在现代英语中依然可以看到拉丁语的词根。例如 etc.（et cetera 的缩写形式）、a.m.（ante meridiem 的缩写形式）、p.m.（post meridiem 的缩写形式）、e.g.（exempli gratia 的缩写形式）等。此外，由于拉丁语在西方早期的文学、医学、科学领域盛行，一些专业领域的专业用语仍在沿用拉丁语。尽管拉丁语是"死语"，但它对其他语言的影响至今并未消散。

---

① 송경안.언어의 유행과 한국어 그리고 영어[M].서울：역락，2019：43-47.

四、韩国语的特征

本章将在语言类型学的视阈下,从形态、句法结构等层面,较为细致地阐述韩国语以及其他语言的相关特征。

(一) 韩国语的形态特征

形态学的研究大体归为四大类,形态学本体研究、形态学模式研究、形态学与语言其他层面的交叉研究、形态学类型学研究。从形态学类型学研究的角度来看,有些语言的词存在基本形态,根据其在句中的功能,句子的时态、语态、人称、数量限定等因素会发生丰富的形态变化。像这样,词与词之间的关系通过词形变化来表现的现象被称为屈折(굴절)。屈折大致包含以名词为中心的词形变化与以动词为中心的词形变化。以名词为中心的词形变化叫作格变化(곡용),格(격)即为名词的功能。以动词为中心(韩国语中包含形容词)的词形变化通常被称为活用(활용),动词的活用形态则被称为"活用形(활용형)"。

如果从语言中最基本的单位"词"的外形的角度进行划分,那么世界上的语言可以分为屈折语(굴절어,inflected language)、黏着语(첨가어,agglutinative language)、孤立语(고립어,isolating language)、抱合语或多式综合语(포합어,polysynthetic language)4种类型。① 兼具名词、代词等词的格变化以及动词形态变化的语言是屈折语,欧洲大部分语言属于此范畴。屈折也可以分为内部屈折与外部屈折。例如,英语中 short 的比较级和最高级 shorter、shortest,这种屈折变化是在词的外部进行的,因而属于外部屈折。如表 1-3 所示,拉丁语是屈折语的典型代表,其词的格变化在词的内部完成,因而这种屈折属于内部屈折。除了格之外,拉丁语中表示数量、性别的部分也与该词融为一体,难以辨别。例如,puer 一词有"少年、男性、主格、单数"之义,puerile 表示"男性、复数、主格",而 puerum 则表示"男性、单数、宾格"。

---

① 德国学者施莱格尔兄弟(Schlegel)最早发现,有些语言内部存在一致性,它们与其他语言之间有着一致性的差异。他们通过对语言中功能词素的观察,发现这些功能词素在不同的语言中,有着不同的表现类型。据此,他们将人类的语言分为附加语、无结构语、屈折语。后来德国著名的语言历史学家奥古斯特·施莱赫尔将上述3种类型的语言改称为黏着语、孤立语、屈折语并沿用至今。加上德国的语言学家威廉·冯·洪堡(Wilhelm von Humboldt)发现的混合语(多式综合语或多式插编语),从古典类型学的角度看,世界语言可分为黏着语、孤立语、屈折语、抱合语4大类。

表 1-3　拉丁语中"男主人"与"女主人"二词的格变化

男主人	女主人	名词的功能	对应的韩国语表达
dominus	domina	主格（주격；nominative）	수미—가
domine	domina	呼格（호격；vocative）	수미—야
dominum	dominam	宾格（목적격；accusative）	수미—를
domini	dominae	所有格（소유격；genitive）	수미—의

资料来源：송경안.언어의 유행과 한국어 그리고 영어[M].서울：역락，2019：93。

德语也是一种典型的屈折语。通过表 1-4 不难发现，在一般现在时中，德语中的人称代词随着人称与数量的变化而变化。同时，动词 lieb-en（爱）也会随着代词主语的人称与数量的改变而改变。英语虽然被归为屈折语，但它含有的屈折特征并不明显，反而更接近于孤立语。这一点通过对比英语的动词 love 与德语的动词 lieb-en 随人称与数量的变化情况便可一目了然。古代英语最早受到日耳曼语的影响，其语言体系较为复杂。然而，诺曼征服（Norman Conquest）事件（公元 1066 年）发生后，英国遭受了诺曼族长达200~300 年的统治，因而英语又受到罗曼语的影响，其复杂的语言体系变得单纯化，大部分词形变化消失不见，现代英语中仅保留了少量的屈折变化。例如，动词的人称与数范畴（第三人称单数）、动词的完成与进行、形容词的比较级等。

表 1-4　英语、德语中动词"爱"的人称变化

语言（基本形态）		英语（love）		德语（lieb-en）	
数	人称	代词	变化	代词	变化
单数	1	I	love	ich	lieb-e
单数	2	you	love	du	lieb-st
单数	3	he/she	loves	er	lieb-t
复数	1	we	love	wir	lieb-en
复数	2	you	love	ihr	lieb-t
复数	3	they	love	sie	lieb-en

注：表中动词"爱"的时态为一般现在时。
资料来源：송경안.언어의 유행과 한국어 그리고 영어[M].서울：역락，2019：95。

黏着语中也存在词的基本形态与词形变化，但词形变化的方式却与屈折语大相径庭。在屈折语中，名词的格变化以及动词的活用主要在词的内部完成，而黏着语的名词不需要改变其形态，依然能实现其功能。例如，韩国语的名词的格变化通过附着在名词

之后的助词①（조사）来实现，名词本身的形态并不发生改变。此外，韩国语中的动词不会像德语一样，随着主语人称以及数量的改变而改变。其动词与形容词的活用通过词干（어간）后添加词尾（어미）来实现，以此表达不同的语法含义。此时，动词词干或形容词词干的形态保持不变。

（2）어머니께서 책을 읽-으시-었-겠-습니-까?
妈妈读过书了吗？

在例（2）中，为表示"어머니（母亲）"这一名词在句中作主语，同时凸显对主语的尊敬，因此在"어머니"后添加了主格助词（주격조사）"께서"。为表明"책"在句子中作宾语而在"책"后添加宾格助词（목적격조사）"을"。"읽-"是动词"읽다（读）"的词干部分，在其后添加词尾"-으시-"表示对主语发出的动作的尊敬，"-었-"表示过去时，"-겠-"表示猜测，"-습니-"体现了对听者的尊重，"-까"表示疑问。虽然动词词干"읽-"与其后添加的5种语法要素共同构成了一个词，但词干部分的"읽-"的形态并未发生改变。像这样，词干之后添加语法词素，来表示丰富的语法含义的语言就属于黏着语，韩国语就是一种典型的黏着语。

此外，以词根（어근）为中心，通过添加丰富原词含义或是改变原词词性的词缀（접사），从而构成新词的构词方法，也充分展现了韩国语作为黏着语的特性。例如"엿듣다（偷听、窃听）""덧나다（加重、更厉害、发怒等）"等动词以及形容词"드높다（很高）"，是分别在"듣다（听）""나다（生、长、冒）""높다（高）"等词的词根之前添加"엿-（偷偷、私下）""덧-（添加、重复）""드-（很、十分）"等前缀（접두사）构成的新词，它们丰富、补充了原词的含义。在韩国语中，除了存在对原词的含义起到补充作用的词缀之外，还存在改变原词词性的词缀。例如"어른（大人）"作名词使用，但当其后添加了表示"某人或某物具有某种性质"的词缀"-스럽다"后，就变成了形容词"어른스럽다（老成的；像大人的）"。此外，在韩国语中的动词或形容词词根之后，添加"-（으）ㅁ，-이，-기"等转成词尾（전성어미），使之变为名词的构词方法也体现了黏着语的特征。当然，韩国语中也存在很难区分词根与词缀的词，这一点与屈折语较为相似。例如"내 가방（我的书包）"和"네 피아노（你的钢琴）"中的属格助词（소유격조사）"의"。"의"在与人称代词"나"和"너"

---

① 与韩国语中助词的含义不同，汉语中的助词是指附着在词或词组上边，表示一定附加意义的词。在现代汉语中，助词分为：语气助词、时态助词、结构助词与其他助词。语气助词中包含疑问语气、祈使语气、感叹语气、肯定语气和停顿语气。"吗、吧、啊、的"等为典型的语气助词。时态助词接在动词或形容词之后，"了、着、过"等属于此类助词。结构助词附着在词、词组之前或之后用以表示句子的结构关系，这类助词有"所、的、地、得、似的"等。其他助词，如"桌子"的"子"作为"桌"的后缀出现，无实义。

结合时,它们通常缩写为"내"和"네",从"내"和"네"中很难分离出属格助词"의",但这种现象只占极少数,因而不能由此从根本上否定韩国语是黏着语这一事实。

此外,还有一些语言不同于屈折语、黏着语。在这类语言中,语法意义通过特定的词或语序来表示。这些词既不会发生屈折变化,也不被看作附加成分,像这样的语言被称为孤立语。汉语就是一种典型的孤立语,主要通过固定的语序和独立的虚词①来表达句法意义。汉语的基本语序为SVO,汉语作为孤立语没有屈折变化以及黏着现象,因而汉语的语序是固定不变的,如果句子的语序发生改变,那么句义也会随之改变。例如,如果调换了"我爱妈妈"这句话中主语和宾语的位置,那么,此句的句义将彻底发生改变。此外,改变语序后,产生病句的现象也不在少数。例(3)a的语序为"主语+谓语+宾语",一旦改变语序,此句将沦为病句。如前所述,除了语序之外,汉语中的虚词也可以表示一定的语法含义,如助词。汉语中的助词与连词、介词、感叹词、语气词、象声词等词一样,属于虚词。助词可再细分为结构助词、语气助词、时态助词等。例(3)b中的"了"就属于时态助词,表示"买书的"动作已经完成。

(3) a. 我有一本新杂志。
　　　나는 한 권의 새 잡지를 가지고 있다.
　　b. 我买了很多书。
　　　나는 책을 많이 샀다.

除了屈折语、黏着语、孤立语之外,最后一种语言类型就是抱合语或叫多式综合语。②句子是基本的语言单位这是抱合语的基本特征,爱斯基摩语、印第安语属于典型的抱合语。在抱合语中,词根上可以黏附多种词素来表示各种语法含义。动词与其宾语可以整合为一个词。动词的词根上能够附着"时、体、态、人称"等各种语法意义的词素,从而构成一个结构超级复杂的"词"。如例(4)所示,在南美洲的阿尔金语动词akuo-pi-n-am中,akuo是动词"拿"的词缀,pi表示"水",n表示"用手",-am也是词缀,表示"它"。除动词之外,名词的词根上也可以附着表示"数、格"等语法含义的词素,它们紧贴在词根之后,与名词词根整合为一个词。

(4) akuo-pi-n-am③

---

①汉语中的虚词主要表示实词与实词在语句组织中的相互关系或者句子的语气,如"的、和、吗"等。根据实词与虚词的关系可以将汉语中的虚词分为连词、介词、助词、语气词、叹词和象声词六大类。
②语言类型的分类仅反映某一语言的主导性形态,并未囊括该语言全部的语言现象。如英语虽被归为屈折语,但它也具有黏着语、孤立语的特征。
③邢福义.语言学概论[M].武汉:华中师范大学出版社,2010:21.

그는 물에서 그를 집어 올린다.
他从水中拿起它。

(二) 韩国语的句法特征

从语言类型学的角度观察，主语（S）、谓语（V）和宾语（O）是构成句子的3种基本成分。根据这3种基本成分的线性排列顺序，世界上的语言可以被划分为6种类型，即SOV、SVO、VSO、VOS、OSV、OVS。其中SOV、SVO、VSO为主要的语序类型。属于SVO型的语言有汉语、英语、法语、意大利语、越南语、泰语等。常见的VSO型语言主要包括阿拉伯语、爱尔兰语、毛利语、威尔士语、希伯来语等。韩国语、日语、芬兰语、土耳其语、蒙古语、缅甸语等属于SOV型语言。

形态越丰富的语言，其语序就越自由；形态越简单的语言，其语序就越固定。[①]如前所述，韩国语属于黏着语，其形态较为丰富、多变，因而其语序较为自由。韩国语的基本语序虽然为SOV，但由于助词附着在体词之后，标记体词在句中的功能，因此体词的位置即使发生了改变，也不会对双方正确传递与接收信息产生影响【参照（5）a—f】。在汉语中，语序本身就是一种语法手段，句子成分的位置改变会影响该成分的句法地位，甚至是语义表达，以致影响句法结构的合理性。例如，在"我爱你"这句话中，"我"在句中作主语，"爱"在句中作谓语，"你"在句中作宾语。如果调换了原句中主语和宾语的位置，虽然句法结构是成立的，但语义会发生重大改变。如果将原句中谓语和主语的位置进行调换，那么从句法结构上看这将是一个病句。由此可知，汉语的语序是固定不变。

（5） a. 철수가 도서관에서 책을 읽었다.
哲秀在图书馆读书。
b. 철수가 책을 도서관에서 읽었다.
c. 책을 철수가 도서관에서 읽었다.
d. 책을 도서관에서 철수가 읽었다.
e. 도서관에서 철수가 책을 읽었다.
f. 도서관에서 책을 철수가 읽었다.

在韩国语中，根据副词修饰范围的不同可以将其分为句子副词（문장부사）和成分副词（성분부사）两类。句子副词用来修饰整个句子，表示说话人的心理态度等。句子

---

① 金立鑫.什么是语言类型学[M].上海：上海外语教育出版社，2011：75.

副词又可分为样态副词（양태부사）以及接续副词（접속부사）。样态副词是用来表示话者的态度或意图的副词，如表示断定或肯定之义的"과연, 모름지기"等词；表假设或猜测之义的"설령, 비록, 아마"等词；表希望或请求之义的"아무리, 아무쪼록"等词。接续副词是指连接词与词或句子与句子的副词。其中，"또, 및, 또는"等为连接词与词的副词；"그리고, 게다가, 그러므로, 그러니까, 그러나, 하지만, 따라서"等词可用来连接前后句子。如例（6）所示，韩国语中的句子副词的位置在句中也是相当自由的。

(6) a. <u>아마</u> 그녀는 내일 올 거야.
可能她明天来。
b. 그녀는 <u>아마</u> 내일 올 거야.
她可能明天来。
c. 그녀는 내일 <u>아마</u> 올 거야.
她明天可能来。
d. 그녀는 내일 올 거야 <u>아마</u>.
她明天来，可能。

韩国语虽属于自由语序的语言，但也有一些词在句子中的位置是无法改变的，因而可以判断韩国语的自由语序也并非绝对自由。例如，修饰句子内部特定成分的成分副词"잘（好）"和"좀（有点儿）"以及冠形词（관형사）"새（新的）"和"헌（旧的）"等词，它们在句中的位置就不能自由调换，即修饰特定成分的副词与冠形词必须放在特定成分之前。

(7) a. 철수는 노래를 <u>잘</u> 부른다.
哲秀唱歌唱得好。
*b. <u>잘</u> 철수는 노래를 부른다.①
*c. 철수는 <u>잘</u> 노래를 부른다.

(8) a. 왜 <u>새</u> 옷을 두고 <u>헌</u> 옷을 입느냐?
为什么放着新衣服不穿而穿旧衣服？
*b. 왜 옷을 <u>새</u> 두고 옷을 <u>헌</u> 입느냐?

---

① "*"表示此句话从语法角度来看不成立。

例（7）中的成分副词"잘"修饰谓语动词"부르다"时，必须放在谓语动词之前。例（8）中的性状冠形词（성상관형사）"새"和"헌"在对体词"옷"进行修饰时，位居体词之前。因为冠形词是修饰体词，表明体词的性质、分量的词，因而它只能位居体词之前。与冠形词相同，冠形节（관형절）也必须位于被修饰的体词之前。

例（9）中画线的部分是冠形节。它们与汉语中作定语的词组以及英语中作定语的从句类似。例（9）中的冠形节是通过在谓语词干上添加冠形词形词尾（관형사형 어미）实现的，冠形节位于被修饰的体词之前。汉语中作定语的词或词组放在被修饰的名词或代词之前，其语序与韩国语的语序一致。英语中的定语从句由关系词引导，从句放在被修饰的名词或代词之后，与韩、汉二语的语序相反。[①]如果例（9）用汉语来表达，需要借用结构助词"的"；如果用英语来表达，需要借用关系代词。而在韩国语中，此类句式不需要结构助词或关系代词，而是通过冠形词形词尾来实现，同时重复出现的体词会被省略。例（9）a省略了"보다"的宾语"영화"。例（9）b则省略了"만들다"的宾语"종이비행기"。

(9) a. <u>내가 어렸을 때 보던</u> 영화는 재미있었다.
　　 我小时候看过的电影有意思。
　　 b. <u>그가 만든</u> 종이비행기가 없어졌다.
　　 他制作的纸飞机不见了（消失了）。

在韩国语的一个句子中，可以同时出现两个或两个以上的主语或宾语，分别构成"双主语结构（중출주어 구문）"与"双宾语结构（중출목적어 구문）"，这是韩国语的两个重要的句法特征。汉语中也有类似的句式，叫主谓谓语句。在英语等欧洲语言中很难见到双主语结构。例（10）a、b是韩国语中的双主语句，主语与主语之间存在整体与部分或是所有者与所有物的关系。例（10）a中的"코끼리"是句子的主语，"코가 크다"在韩国语语法中被称为叙述节（서술절），在句中作谓语。而在"코가 크다"中，"코"是主语，"크다"为谓语，因此此句为包含两个主语的双主语结构。例（10）b中存在三个主语和三个叙述节。首先，"그 스케치북"为整句话的主语，"표지가 그림이 마음에 든다"这句话是叙述节。其次，在"표지가 그림이 마음에 든다"中"표지"为主语，"그림이 마음에 든다"为叙述节。最后，在"그림이 마음에 든다"这句话中"그림"作主语，"마음에 든다"为叙述节，作谓语。如例（10）c、d所示，在一句话

---

① 从语序类型学的角度来看，VO型语言的定语从句（关系从句）普遍位于被修饰的名词或代词之后，如欧洲所有的VO型语言，而被归为VO型语言的汉语，其语序与其他VO型语言相反，这充分显示了汉语作为VO型语言的独特性。

中，同时出现两个或两个以上宾语的例子，在其他语言中实属罕见。

(10) a. 코끼리가 코가 크다.
　　 大象鼻子长。
　　 b. 그 스케치북이 표지가 그림이 마음에 든다.①
　　 （我对）那（本）素描册封面上的画儿满意。
　　 c. 나는 영희를 손을 잡았다.②
　　 我抓住了英熙的手。
　　 d. 그 돈으로 생선을 큰 것을 한 마리를 사는 것보다
　　 　작은 것 여러 마리를 사는 것이 낫다.③
　　 用那笔钱买一条大的鲜鱼，不如买几条小的鲜鱼要好。

此外，韩国语的词尾虽然作为谓词（용언）的一部分，附着在谓词词干之后，与词干一起构成一个词，但其语法功能可能会影响到其所在的谓词短语（용언구）或是整个句子。例(11)中的词尾"-으면"和"-기"分别位于词干"없-"与"가-"之后，例(11)a的"-으면"使得"오늘 시간이 없-"这部分成为本句话的条件节（조건절）。例(11)b中的名词形转成词尾（명사형전성어미）"기"可以将"도서관에 가-"这部分名词化，使其具有和名词一样的功能，这也是韩国语区别于其他语言的重要的句法特征。

(11) a. 오늘 시간이 없으면 다음에 만나요.
　　 如果今天没有时间（那么）下次见。
　　 b. 도서관에 가기 싫어하는 사람도 있다.
　　 也有讨厌去图书馆的人。

（三）韩国语的其他特征

李讷和汤姆森（Li & Thompson）曾指出，汉语是主题显著的语言，而韩国语是主题和主语都十分显著的语言。汉语和韩国语二者都具有主题显著的特征，这种特征使得句中省略主语成为可能。与英语相比，在日常对话中，汉语和韩国语会经常省略已知的主

---

① 남기심, 고영근. 표준국어 문법론[M]. 서울：박이정，2014：17.
② 송경안, 이기갑 외. 언어유형론[M]. 서울：월인，2008：481.
③ 남기심, 고영근. 표준국어 문법론[M]. 서울：박이정，2014：18.

语。举个例子，"We are closed on Saturday"这句话，如果用韩国语表达，通常会省略人称代词主语"우리"，直接写作"토요일 휴업"。同样，用汉语表达时，通常会省略"我们"，直接写为"周六歇业"。英语是一种主语显著的语言，为了保证句子语法结构的完整性，主语是不能够省略的，有时当句子的主语不明确时，甚至还需要添加形式主语，例如"It is difficult to speak English well"。

通过例（12）与例（13）可以观察到，在日常对话中，韩国语倾向于省略已知的人称代词主语与宾语，而翻译成汉语时，有时还需要添加人称代词主语与宾语。由此可以推断，韩国语中省略人称代词主语与宾语的现象比汉语更加频繁。白水振等（2014）从语言文化类型学的视角，就韩国语与汉语在对话中所展现的差异，做出了假设与分析。他们认为，韩国语是客体中心语言，汉语是主体中心语言。韩国语的表述焦点在动作行为的客观叙述上，而汉语具有明显的刻画动作主体的特征。正如以下韩国语例句中所呈现的那样，对于谈话双方已知的行为主体会尽量省略，以凸显行为本身。而在汉语中，比起动作，更强调明确动作或行为的主体，因此会频繁地添加主语。此外，韩国语中存在"-다고"和"-대요"等表示引用或转述的词尾，由于这类词尾本身就是用来叙述或描述别人的事情，因此人称代词主语也会经常被省略。在书面文体中，韩国语和汉语在省略主语方面并无太大差异。总的来说，在韩国语中，第一人称与第二人称作主语时，被省略的频率高于汉语，而第三人称作主语时，被省略的频率则低于汉语。[①]

（12）a. 주말에 뭐 할 거예요?
（你）周末打算做什么？
b. 축구를 할 거예요. 마크 씨는 뭐 할 거예요?
（我）打算踢足球。马克，（你）打算做什么？

（13）a. 민수 씨, 수진 씨를 언제 만나요?
民秀，（你）什么时候见秀珍？
b. 내일 오후에 만나요.
（我）明天下午见（她/秀珍）。

此外，当相同的主语反复出现在一个句子中，通常会省略其中一个，这也是韩国语的一个显著特征。在例（14）a中，前句"힘들어서"的主语"나"与后句"나는 집에 있을게요"中的主语"나"重复，为了避免重复，其中的一个"나"被省略。例（14）

---

① 白水振，金立鑫，白莲花. 汉韩主语省略的类型学分析[J]. 邵阳学院学报，2014，13（03）：94-102.

b可以分解为两句话。其一为"철수는 어제 동생에게서 책을 빌렸다（哲秀昨天从弟弟那里借了书）"，其二为"철수는 오늘 하루 종일 책을 다 읽었어（哲秀今天一天把书全部读完了）"。这两句话中的主语皆为"철수（哲秀）"，为了避免重复，其中的一个主语"철수"被省略。与韩国语不同，在其他类型的语言中，相同的主语可能会反复出现或者被替换为代词出现在句中，因而这也算是韩国语区别于其他语言的重要特征。

(14) a. 힘들어서 나는 집에 있을게요.
   （我）累了所以我打算待在家里。
　　b. 철수는 오늘 하루 종일 어제 동생에게서 빌린 책을 다 읽었어.
   哲秀（用了）一天的时间把（他）昨天从弟弟那里借来的书全部读完了。

韩国语中除了存在主语被省略的句子之外，还存在没有主语的句子。从例（15）中很难找出画线的谓语部分所对应的主语是什么，因为在日常对话中，韩国人会习惯性地省略主语，致使许多句子从表面上看无法明确判断其主语是什么。无主语的句子并不影响话者与听者之间的信息交流，当句子的主语不明确时，可以通过对话场景或上下文来理解句子要传递的信息。

(15) a. 길이 넓어서 편하군요.
   因为路宽所以很方便。
　　b. 그리로 가시면 안 됩니다.
   不可以往那边走。

韩国语是一种助词与词尾相当发达的语言。助词中除了附着在体词（名词、数词、代词的集合）之后，表明体词与句中其他词之间关系的格助词（격조사）之外，还有附着在体词之后，为其添加一些辅助意义的补助词（보조사）。如表示对比或强调话题的"은/는"，表示限定或排他的"만"，表示包括或添加的"도"，表示选择或让步的"나마/이나마"等，它们可以附着在体词、副词、连接词尾等之后，为其添加独特的含义（详见第七章）。除了格助词、补助词之外，韩国语中还存在接续助词（접속조사）。接续助词是将两个或两个以上的体词按照并列关系连接起来的助词，例如，"와/과，하고，랑/이랑"等。

例（16）a中的"로"作为副词格助词（부사격조사），其后可附着补助词"만"表示"只用……"。格助词中除了副词格助词之外，还有主格助词、宾格助词、叙述格助词、补格助词、属格助词、呼格助词（详见第七章）。例（16）b中的补助词"라도"用于没有收音的连接词尾之后，表示"假设性让步"，相当于汉语的连词"就算"或"即

使"。例（16）c中的补助词"마다"表示"一个也不漏掉，全部"之义，它放在名词"날"之后，表示"每天如此"。例（16）d中的接续助词"과"，用于有收音的体词之后，表示并列，相当于汉语的连词"和"或"与"。

(16) a. 김 교수님은 만년필로만 글씨를 쓰신다.
金教授只用钢笔写字。
b. 직접 돈을 벌어서라도 컴퓨터를 사야겠어요.
就算/即使自己挣钱也要买电脑。
c. 철수는 날마다 도서관에 간다.
哲秀每天去图书馆。
d. 목요일과 토요일에 가장 한가해요.
周四和周六最清闲。

与助词不相伯仲，谓词词干后添加的活用词尾（활용어미）的种类与含义也相当丰富。据统计，韩国语中有500多个词尾。根据词尾在句中所处位置的不同，可以将其分为两大类。一类是"语末词尾（어말어미）"，另一类是"先语末词尾（선어말어미）"。语末词尾又分为终结词尾与非终结词尾。其中，终结词尾又可以分为"陈述形、疑问形、命令形、共动形、感叹形"等5种类型。根据话者与听者的职位高低、关系亲疏、年龄长幼等，相似的终结词尾又会根据是否需要对句中主体、听者表示尊敬而在使用上产生差异（详见第六章）。

此外，话者的意图也可以通过含义丰富的终结词尾来体现。如，例（17）a中的"-을라"，用于有收音的动词词干之后，表示说话者担心某种不好的事情会发生，让听者小心，是对听者予以提示的一种词尾。当听者为朋友、比自己年龄小或职位低的后辈时，便可以使用它。例（17）b中的"-으렴"是"-（으）려무나"的缩写形式，位于有收音的动词词干之后，表示"委婉地命令某人做某事"。同时，它还有"允许某人做某事"之义，如"그 일이 그렇게 하고 싶으면 한번 해보렴（那么想做那件事就试试吧）"，这个词尾主要对关系亲密的朋友或晚辈使用。例（17）c中的"-마"附着在无收音的动词词干后，表示"向某人承诺做……或跟某人约定做……"。此外，终结词尾"-（으）ㅁ세，-리다"与"-마"所表达的含义相近。

(17) a. 서둘러라. 늦을라.
快点儿。会迟到的。
b. 그 의자에 앉으렴.
坐在那把椅子上。

c. 내일 장난감 자동차를 꼭 사 주마.
明天我一定把玩具汽车买回来。

如前所述，根据词尾在句中所处位置的不同，可以将其分为语末词尾和先语末词尾。根据语法功能不同，语末词尾又分为终结词尾与非终结词尾。非终结词尾又分为连接词尾（연결어미）与转成词尾（전성어미）。根据连接词尾语法功能的不同，又可以将其分为对等形连接词尾（대등적 연결어미）、从属形连接词尾（종속적 연결어미）、辅助形连接词尾（보조적 연결어미）。如例（18）a所示，在表达"同时进行"之义时，通常使用对等形连接词尾来连接前后的句子。此外，表示对立、选择等对等关系时，也要使用对等形连接词尾。如例（18）b所示，在表达因果关系时，通常使用从属形连接词尾来连接前后的句子。此外，在表达理由、条件、转折等从属关系时，也应使用从属形连接词尾。如例（18）c所示，辅助形连接词尾"-어"用于连接独立谓词"피다"与辅助谓词"있다"，突出描绘了庭院花朵处于"盛开状态"这一场景。而在汉语、英语等其他语言中，当表达与韩国语相似的含义时，主要通过独立的词或特殊的句式来实现，这也是韩国语有别于其他语言的一个重要特征。

(18) a. 신문을 보면서 차를 마신다.
边看报纸，边喝茶。
b. 늦게 일어나서 지각했다.
因为起晚了所以迟到了。
c. 정원에 꽃이 많이 피어 있다.
庭院内花开正盛。

第二章
语法与韩国语语法

一、语法的含义

韩国现代国语奠基人周时经（주시경）先生在其著作《国文论》（<국문론>）中曾提到："어떤 사람이든 먼저 말의 법식을 배워야 할지라（不管何人都应该学习语法）"。①参与《韩文拼写法统一案》（<한글 맞춤법 통일안>）制定的语言学家崔炫培（최현배）先生曾说："어느 나라의 말에도 제각기 일정한 본이 있나니, 그 본을 말본이라 하며（无论是哪个国家的语言，都有自己的本，这个本指话本）"。②这两句话中的"법식（法式），말본（话本）"指的就是语法。到底什么是语法呢？语法是语言现象中蕴涵的规则与秩序。学生时代反复提及的汉语语法、英语语法，一般指代教科书中记载的具体的语法条目或是语法教材、语法课。当把语法作为语言研究的一个领域时，通常会提到"语法学"一词。当把韩国语语法作为韩国语研究的一个领域时，我们也经常会听到"韩国语语法学"一词。简单来说，语法学是语法学者挖掘与归纳语言中蕴涵的规则与秩序，并对其进行系统、科学阐述的学问。

在对某一种语言的语法进行说明时，通常有规范语法（규범문법）与记述语法（기술문법）两种不同的态度。规范语法侧重于提供一个可以判断正误的范本，告知语言使用者话该怎么说，文字该怎么写才正确。例如："이리 가라"和"이리 가거라"都想表达"命令"之义，但前者违背了语法规则，是错误的句子，后者符合语法规则，是正确的句子。记述语法的重心不在区分句子是否符合语法规则，并以此判定句子的对与错，它以记述所有存在于现实语言生活中的语言现象为目标，因而记述语法也被叫作学问语法（학문문법）。例如，在规范语法中，尽管"이 스카프가 고객님에게 잘 어울리세요（这条围巾很适合（顾客）您）"是不符合语法规则的错误表达，但它却是人们日常生

---

① 고영근, 구본관.우리말 문법론[M].서울: 집문당, 2018: 4.
② 최현백.우리말본[M].서울: 정은문화사 (정음출판), 1994: 10.

活中语言使用的一个典型的例子，因而被记录在了记述语法中。

　　韩国人对韩国语中语法现象的正确认识以及系统研究始于20世纪。从周时经先生的《国文论》一书中可知，韩国学者对韩国语语法的早期研究主要基于规范语法这一态度。周时经认为"문법을 알지 못하면 남의 글을 잘 이해하기도 어렵고 자신이 쓴 글도 옳고 그름을 분간하기 어렵다（一个人不懂语法知识，不仅无法正确理解他人的文章，也无法判断自己写的文章是否正确）"。①俞吉濬（유길준）认为"문전이라고 하는 것은 사람의 사상을 정확하게 발표하는 법을 규정하는 학문이다"②，即语法是正确表达思想的依据。金枓奉（김두봉）曾说"길이 없어도 갈 수 있지마는 목적지까지 이르지 못하듯이 본이 없어도 말은 할 수 있지마는 자신의 의사를 올바르게 표현하지 못한다"③，这里的"본"指的就是语法。这句话是说"不懂得语法虽然可以交流，但无法正确表达自己的思想"。

　　随着语法研究经验的积累，韩国学者对于韩国语语法的研究也更加精细，此时更多学者围绕句子的形成来定义语法这一概念。李熙昇（이희승）认为"단어가 서로서로 관계를 맺어서 글월을 이루는 법칙을 문법이라 이른다（词互相结合，构成句子或文章的法则就是语法）"④，强调无论是讲话还是写文章都应遵循语法规则。他还指出口语体与书面语体的语法法则是完全一致的，可以通用。但事实上，口语语法与书面语语法并非完全一致。书面语虽指用文字写出来的句子、段落或文章，但是用文字写出来的句子、段落或文章不一定就是书面语。比如，小说虽然是用文字写出来的，但小说中的对话充满了口语体的特征。演讲稿或是致辞虽然以口头的形式传达，却具有书面语的特征。"口语"与"书面语"还可以采用"音声语言"与"书面语言"来进行区分。无论是口语还是书面语，凡是由声音传递的语言一律叫作"音声语言（음성언어）"，凡是由文字生成的语言一律被称为"书面语言（문자언어）"。⑤

　　此外，还有一部分学者基于母语者先天具有的语言能力（언어능력）或语法能力（문법능력）来理解"语法"这一概念。朴勝彬（박승빈）曾提出"언어가 문법에 맞았는가 틀렸는가의 결과는 상식적 직관으로 보통 사람도 다 인식하는 바이다（语言是否符合语法规则是常识性的直觉判断，普通人都能做出正确的判断）"。⑥例如，母语者即使没有学过语法知识，也能判断出"쓰레기 함부로 버리지 말아라（不要随便扔垃圾）"与"쓰레기 함부로 버리지 않아라"这两句话哪一句才是符合语法规则的正确表达，这

---

　　①고영근, 구본관.우리말 문법론[M].서울：집문당, 2018：4.
　　②김민수, 국어문법론 연구[M].서울：통문관, 1960：25.
　　③김두봉, 조선말본[M].서울：한국학술정보, 2021：30.
　　④이희승.초급국어문법[M].서울：박문서관, 1949：12.
　　⑤고영근, 구본관.우리말 문법론[M].서울：집문당, 2018：4.
　　⑥박승빈.조선어학[M].서울：조선언학연구회, 1935：22.

就是所谓的语言能力或语法能力。例（19）与上文提及的例子稍有不同。

(19) a. 어머니, 아버지가 책을 읽어요.
　　 b. 어머니, 아버지가 책을 읽으세요.
　　 妈妈，爸爸读书。

例（19）a在词的使用、语序上都没有语法错误，在实际生活中，4、5岁的韩国小朋友也经常这样说，但从语用角度分析，这句话不符合韩国语的语用规则，因为它未能使用主体敬语法。在韩国语中，如果将某一名词主语当作尊重的对象，那么在描述主语的动作时，也需要使用相应的敬语形式，因而例（19）a中"爸爸"的动作"读书"就不能使用"읽어-"，而应使用"읽으시-"。在家庭教育和学校教育的影响下，随着年龄的增长孩子会逐步学习与掌握这些语言使用上的规范。通过学校教育或家庭教育获得的"尊敬法、名词、动词、主语、宾语"等被称为语法知识。当语言使用者能够依据语法知识正确判断句子正误时，就意味着他具备了使用能力（사용능력）或通报能力（통보능력）。在母语者中，很少发现违背与语言能力有关的语法规则的现象，但却能经常发现违背与使用能力有关的语法规则的现象。

二、韩国语语法的研究领域与研究方法

现代语言学之父索绪尔对语言的共时研究与历时研究进行了区分，他认为有关语言静态方面的一切都属于共时研究，有关语言演化的一切都属于历时研究。语法学领域的研究既离不开共时研究，也离不开历时研究。从历时层面来看，韩国语语法研究包括以古代韩国语为中心的古代语语法（고대어문법）研究；以15世纪的韩国语为研究对象的中世语语法（중세어문법）研究；从17世纪之后一直到现代以前，以留存下来的韩国语资料为研究对象的近代语语法（근대어문법）研究；以现代韩国语为研究对象的现代语语法（현대어문법）研究。从共时的角度来说，包括以首尔方言为研究对象的标准语语法（공통어문법）研究，以东南、西南、中部、岭东、济州等地方言为研究对象的方言语法（방언문법）研究。还有结合时间、空间、地域等特征进行整合、编纂的总体语法（총체문법）。此外，将韩国语和同属于阿尔泰语系的蒙古语、通古斯语、土耳其语相比较的比较语法（비교문법）研究；基于任何语言都有相似的语法规则，探究语言普遍性的普遍语法（보편문법）研究；为了提升作为外语的韩国语教育的实效性，将韩国语同学习者的母语进行对比的对照语法（대조문법）研究；从跨语言对比的视角出发，将韩国语与其他语言的一些语法构造进行对比，找出差异及共性，并尝试分类的语言类型学领域的研究等，都属于韩国语语法的研究领域。

研究语法的学科被称为语法学。由于语法的概念十分复杂，因而语法学的研究领域也十分复杂。广义的语法学与将所有语言现象作为研究对象的语言学类似，研究范围涵盖音系学（음운론）、形态学（형태론）、句法学（통사론）、语义学（의미론）等语言运用原理。音系学是对语言的语音系统进行分析、对历史语音变化进行研究的领域。语义学主要研究语言的语义系统、语义的聚合关系与组合关系、语义变化等。形态学是研究词的内在结构以及词的形成规则的研究领域。句法学主要探讨语言的不同成分组成句子的规则或是句子成分之间关系的学问。狭义语法学的研究范围包含形态学与句法学。此外，构成词的要素的含义、句子的含义也是狭义语法学的重要研究对象。本书从狭义语法学的研究领域出发，集中探讨与阐述韩国语形态学所关切的屈折法、构词法等问题。下面将对韩国语形态学、句法学进行简要介绍。

（一）韩国语形态学

词的屈折变化是韩国语形态学本体研究的首要对象。

(20) 인력거꾼인 김첨지는 비가 내리던 어느 날 몸이 많이 아파 함께 있어 주길 바라던 아내를 뿌리치고 인력거를 끌고 나갔어요.①

下雨的某天，人力车夫金佥知本打算陪身体不舒服的妻子，但最终还是丢下了妻子，拉着人力车走了。

例（20）是由一定数量的词构成的句子。"비，아내，인력거"等名词后添加助词，表示它们在句中分别作"主语、宾语、宾语"成分。即使"비，아내，인력거"之后没有添加助词，它们也可以独立存在于句中。而像"내리다，뿌리치다，나가다，아프다"等动词或形容词，其词干"내리-，뿌리치-，나가-，아프-"后，如不添加词尾"-던，-고，-았-，-아（서）"就无法独立存在于句中。其中，词干"내리-"后添加修饰名词的词尾"-던"，表示对过去的回想。词干"뿌리치-"后添加连接前后句子的词尾"-고"，表示动作先后关系。词干"나가-"后连接词尾"-았-"，表示过去。词干"아프-"连接"-아（서）"表示原因。像这样，通过助词或词尾来表示词与词之间语法关系的方法被称为屈折法（굴절법）。由于词干不具有自立性，因而词干之后添加词尾被叫作完全屈折法（완전굴절법）。而体词具有自立性，因而体词之后添加助词被称为准屈折法（준굴절법）。

助词与词尾的形态交替也属于韩国语形态学的研究领域。在"나는 피아노를 친다（我弹钢琴）"这句话中，由于代词"나"、名词"피아노"以及动词词干"치-"的最

---

① 현진건.운수 좋은 날[M].서울：문학과지성사，2008：10.

后一个音节为元音，因而其后添加的助词和词尾分别为"는，를，-ㄴ다"。而在"민철은 책을 읽는다（敏哲读书）"这句话中，由于名词"민철，책"以及动词词干"읽-"的最后一个音节为辅音，因而其后添加的助词和词尾分别为"은，을，-는다"。"는/은，를/을，-ㄴ다/-는다"虽然形态相异，但所表达的语法意义相同。

韩国语形态学除了研究屈折法之外，还研究构词法，换句话说，韩国语形态学是以韩国语中的词素（형태소）作为基本单位，是研究词素如何构成词的领域。

(21) a.오빠가 디저트를 먹습니다.
哥哥吃甜点。
b.여동생이 티비를 봅니다.
妹妹看电视。

词素是含有意义的最小单位，是集音系与语义于一身，且无法再切分的语言单位。这里的意义包括词汇意义及语法意义。根据词素是否具有独立性，还可以将其分为依存词素（의존 형태소）与自立词素（자립 형태소）。如例（21）所示，名词"오빠，디저트，여동생，티비"具有独立性，属于含有词汇意义的自立词素。动词词干"먹-"有"吃"之义，"보-"有"看"之义，虽含有词汇意义，但它们不能独立存在于句中，因而属于含有词汇意义的依存词素。助词"가，이，를"是附着在名词之后，仅表示某种语法含义的依存词素。助词"가，이"表示先行名词"오빠，여동생"在句子中作主语，助词"를"表示先行名词"디저트，티비"在句中作宾语。终结词尾"-습니다和-ㅂ니다"同样也不具有独立性，它们附着在动词或形容词词干之后，仅表示语法含义。它们属于陈述句的终结词尾，用于正式场合，是表示对听者最为尊敬的一种敬语形式。此外，终结词尾"-습니다/-ㅂ니다"虽然表示相同的含义，但是它们的使用环境却不相同。当动词词干的最后一个音节含有收音时，使用"-습니다"，无收音则使用"-ㅂ니다"。像终结词尾"-습니다/-ㅂ니다"一样，依据周围环境的不同，而导致音相（음상）不同的现象叫作交替（교체）。形态交替既属于音系学的研究范畴，也属于形态学的研究范畴。形态交替不仅存在于屈折法中，在构词法内也有所体现。比如"까맣다（乌黑，漆黑）"是由"깜+앟다"构成的派生词，"꺼멓다（黑黝黝）"是由"껌+엏다"构成的派生词。当词根中含有阳性元音（양성모음）时，使用"-앟-"，而当词根中含有阴性元音（음성모음）时，则使用"-엏-"[①]。像"-앟-/-엏-"这样，通过交替而生成的异形态（이형태）模样虽有不同，所表达的含义却相同。

---

①韩文中的阳性元音有：ㅏ，ㅑ，ㅗ，ㅛ，ㅐ等，阴性元音有ㅓ，ㅕ，ㅜ，ㅠ，ㅣ等。

如前所述，词素是构成词的基本单位。在韩国语中，词的结构可以是单一的，也可以是复杂的。只由一个实质词素构成的词为单纯词（단일어），这一词素既可以是单音节也可以是多音节的，如"눈，물，무슨，어제，푸르다，뽑다"等。由两个或两个以上的词素构成的词叫复合词（복합어）。复合词又可以分为两类，一类是由词根与词缀构成的复合词，另一类是由两个或两个以上的词根构成的复合词。前者称为派生词（파생어），如"헛소문，덧붙다，바느질，길이，잠꾸러기"等；后者称为合成词（합성어），如"봄비，가을날，검붉다，일어서다"等。由此可知，在韩国语中，构词的方法主要有两种，一种为依据派生法构成的派生词，另一种为依据合成法构成的合成词。合成法与派生法，即词是如何形成的问题也属于韩国语形态学研究的重要内容。

（二）韩国语句法学

韩国语句法学主要以韩国语句子为基本单位，是探究句子构成方式、分析句子成分、探讨句类与句型、解释句义等的领域。上文例（21）中的两个例句，从句类来看，属于陈述句（평서문）。除陈述句之外，韩国语中还存在疑问句（의문문）、命令句（명령문）、祈使句（청유문）、感叹句（감탄문）4种句类。从句型来看，由于这两个例句中只包含一个主谓关系，因而它们属于单句（홑문장）。例（22）a、b是在例（21）的基础上构成的复句（겹문장）。所谓复句，指由两个或两个以上的单句复合而成的句型。根据单句之间结合方式不同，复句又分为包孕复句（안은 문장）与连接复句（이어진 문장）。若一个句子把另一个单句当作其句中的一个句子成分，我们就称这个句子为包孕复句。例（22）a、b属于定语子句包孕复句（관형절을 안은 문장）。除了定语子句包孕复句外，韩国语中还存在名词性子句（명사절）、状语子句（부사절）、谓语子句（서술절）、引语子句（인용절）等包孕复句。如例（22）c所示，当一个句子由两个或两个以上的单句借助连接词尾连接起来时，这样的句型就称为连接复句，前后的两个单句称为分句。根据各个分句的连接方式不同，连接复句又可以分为对等关系连接复句（대등적으로 이어진 문장）与主从关系连接复句（종속적으로 이어진 문장）。其中，根据前后分句之间的关系，对等关系连接复句又包含并列复句、对立复句、选择复句。例（22）c属于对等关系连接复句中的并列复句。根据前一个分句与后一个分句在语义上的关系，主从关系连接复句又分为因果从句、目的从句、条件从句、时间从句、提示从句、让步从句等。例（22）d属于主从关系连接复句中的因果从句。

(22) a. 정교한 디저트를 먹는 오빠가 수미의 오빠입니다.
津津有味地吃精致甜点的哥哥是秀美的哥哥。

b. 여동생이 내가 어제 사왔던 티비를 재미있게 봅니다.
妹妹津津有味地看我昨天买回来的电视。

c. 오빠가 디저트를 먹고 여동생이 티비를 봅니다.
哥哥吃甜点，妹妹看电视。

d. 강이 깊어서 아이가 건너기는 어렵습니다.
江水太深，小孩子很难渡过。

此外，解释句义也属于韩国语句法学的研究领域。在韩国语中，同一句话可能存在不同的理解，这种现象叫重义性（중의성）。重义性可以出现在词、短语、句子等不同层次的语言单位中。

(23) a. 내가 좋아하는 순이의 여동생을 롯데마트에서 만났다.
　　 b. 어머니는 아버지보다 딸을 더 사랑한다.

例（23）中的两个句子均为重义句。例（23）a 是依据修饰关系形成的重义句。其中"내가 좋아하는（我喜欢的）"修饰范围可以是"순이（顺伊）"，也可以是"순이의 여동생（顺伊的妹妹）"。例（23）b 是由于与谓语相呼应的论元不清晰而引起的重义现象，即"아버지（爸爸）"是主体还是比较的对象存在模糊性。如果"아버지（爸爸）"与"딸（女儿）"都被看作是比较的对象，那么"어머니（妈妈）"则是主体，此句可以解释为"어머니는 아버지와 딸을 모두 사랑하는데, 그중에서 딸을 더 사랑한다（妈妈喜欢女儿的爸爸与女儿，但相比之下妈妈更喜欢女儿）"。如果"아버지"与"어머니"同为主体，那么这句话可以被解释为"어머니와 아버지는 딸을 사랑하는데, 어머니가 아버지보다 딸을 더 사랑한다（妈妈与爸爸都喜欢女儿，但相比之下妈妈比爸爸喜欢女儿更多一点）"。即依据句中主体（主语）范围的不同，可以有以上两种不同的解释。只有当句子前后出现其他的句子，或者有对话背景可以参照时，句子的重义性才会消失。

第三章
词素与词

语言是信息交流的手段，句子是信息交流的基本单位。语言基本上是由音素（음소）、词（단어）、句子（문장）、语篇（텍스트）等语言单位构成的。音素形成音节，音节构成词，词与词结合形成句子，句子聚集在一起形成更大的语言单位——语篇。如表3-1所示，这些语言单位在语言学中分属不同的研究领域。本章主要对韩国语中的词素与词进行详述。

表3-1 语言的层级单位

语言层次	语言单位	例子	研究领域
语篇	语篇	문단（段落）： 바지를 찾는데요.사무실에서 일할 때 입을 거예요.진한 색깔에 실내에서 활동하기 편했으면 좋겠어요.좀 찾아 주세요.	话语分析
句子	句子	수미가 밖에서 놀다.	句法学
	短语	밖에서 놀다	
词	词	수미, 가, 놀다	形态学
	词素	수미, 가, 놀-, -다	
语音	音节	수, 미, 가, 놀, 다	音系学
	音素	ㅅ, ㅜ, ㅁ, ㅣ, ㄱ, ㅏ, ㄴ, ㅗ, ㄹ, ㄷ, ㅏ	

一、语节与短语的划分原理

一句话要分解至更小的单位，在这一过程中需要遵循第一章提及的替换原理与组合原理。所谓替换，是指一个语节可以被与其性质相似的其他语节替代，它们之间形成一种聚合关系。所谓组合，是指在一句话中，某个语节的前面或后面可以插入其他的语

节，这时它们之间会形成一种组合关系。我们再结合一个具体的例子进行分析。"벚꽃이 예쁘다（樱花漂亮）"这句话，首先可以被分解为"벚꽃이"与"예쁘다"两个语节。因为"벚꽃이"可以用"하늘이（天）"来替换。同样，"예쁘다"可以用"푸르다（蓝）"来代替。在"벚꽃이"与"예쁘다"之间，可以添加副词"너무（很，非常）"，将"벚꽃이"与"예쁘다"很自然的隔开。"벚꽃이"与"하늘이"之间的关系就是聚合关系。"푸르다"与"예쁘다"之间的关系也是聚合关系。副词"너무（很，非常）"位于"벚꽃이"与"예쁘다"之间，它与"벚꽃이"或"예쁘다"形成了组合关系。

利用替换原理与组合原理来划分的一段一段的语言单位就叫作语节。在韩国语口语中，通常以语节为单位来发音。在书面语中，也是以语节为单位来进行隔写。相对于语节，还有一个更大的语言单位，那就是短语（구）。所谓短语，是指不包含主谓关系，由两个或两个以上的语节构成的语法单位。像"밥을 먹었다（吃过饭了）"，是由"밥을"与"먹었다"两个语节构成的短语，这是因为"밥을"可以用"피아노를"来替换，"먹었다"可以用"쳤다"来替换。同时"밥을"与"먹었다"中间可以插入副词"많이（很多地）"，使其与前后语节分别形成组合关系。此外，通过替换原理与组合原理我们还可以识别另一个更小的语言单位，那就是词素。

二、词素

（一）词素的含义

依据替换与组合的原理，"벚꽃이 예쁘다"还可以被分解为更小的单位。如例（24）a所示，"벚꽃이（樱花）"可以被分成"벚꽃"与"이"。这是因为"벚꽃"的位置上，还可以出现"풀，백합，하늘"等词。同时，在"벚꽃"与"이"之间还可以添加"만"等补助词。同样，运用相似的原理，可以将"예쁘다（漂亮）"一词分解为"예쁘-"与"-다"。因为"예쁘-"可以被"떨어지-，높-"等词干替代，"-다"可以被"-니、-지、-고"等词尾替代。同时，"예쁘"与"다"之间还可以添加"-겠-"等先语末词尾。例（24）b中的"시인"一词为汉字词（한자어），它是由"시（诗）"和"인（人）"构成的合成词。"시"可以被"거（巨），위（伟）"等代替，"인（人）"可以被"가（歌），"조（调）"等代替。

(24) a. 벚꽃-이 ┃ 예쁘-다.
　　　樱花漂亮。
　　b. 수지-가 ┃ 시-인-을 ┃ 만났-다.
　　　秀智见了诗人。

例（24）中的名词"벚꽃，수지，시，인"，形容词词干"예쁘-"与动词词干"만나-"均含有词汇意义，助词"이，가，을"，词尾"-았-，-다"仅含有语法意义。如果我们将"벚꽃"一词一分为二，那么，"벚꽃"作为"樱花"来讲的词汇含义将会消失。像这样，再次分解就失去含义的语言单位，称之为词素。词素是含有一定词汇意义或语法意义的最小的语言单位或最小的信息单位，它是语言的基础原料。

在韩国语中，词素可以是一个实词、助词、词干、词尾，还可以是词缀。与韩国语相似，在英语中，一个词素既可以是一个实词，表达实在意义，例如big、ball等，像这样的词素被称为实词素；也可以是一个词中具有句法意义或功能意义的词缀，例如catched、cats、longer中的-ed、-s、-er这类虚词素。此外，英语中的词素存在单音节、双音节和多音节之分，即一个词素既可以由一个字母组成，如名词复数-s；一个词素也可以由多个字母组成，如-ly等双音节词素，-tion等多音节词素。汉语中的词素基本上就是汉语中的字，绝大部分可用作词，即单词词素。汉语中也存在实词素和虚词素，与韩国语中的实质词素与形式词素相对应，"坐、写"等为实词素，"啊、呢"等为虚词素。现代汉语中的词素多数为单音节，少数为双音节，如"玻璃"；三四个音节构成的词素如"马铃薯"，就更少了。由于汉字是音节文字，所以在书面语中，一个单音节词素就用一个汉字来书写，因而绝大多数汉字都与词素相对应，例如"书、本"既是词素，又是词。但是少数汉字与词素并不对应，例如"琥珀""玫瑰"中的"琥、珀、玫、瑰"，它们是双音节词素中的一个音节，并不表示任何意义，只有合在一起才能构成含有词汇意义的词。

另外，韩国语、汉语以及英语词素的语义均为单义与多义共存，即有些词素仅有一个语义，而有些词素则为多义。如韩国语中的前缀"갖-（皮的），올-（早熟）"为单义，"배（肚子；梨），다리（腿；桥）"为多义。英语中的前缀re-（回，向后；再，重新）、im-（不，无，非；向内，进入）为多义，而beer（啤酒）为单义。汉语词素的语义也存在单义与多义之分。例如，"水（无色无味的液体；河流；附加费用；马虎，不负责任；质量差）"为多义，而"桥（架在水面上或空中以便行人、车辆等通行的建筑物）"为单义。除此之外，韩国语、汉语、英语词素的语义能一一对应的情况很少，大多数为部分语义对应，部分语义相异。

（二）词素的种类

根据词素的不同性质，可以从不同的角度对其进行分类。依据是否具有独立性，可以将韩国语中的词素分为自立词素（자립 형태소）以及依存词素（의존 형태소）。根据意义的虚实又可以将其分为实质词素（실제 형태소）以及形式词素（형식 형태소）。

1. 自立词素与依存词素

例（25）a中的词素可以独立存在，因而是自立词素。例（25）b中的助词、动词以及形容词的词干和词尾必须与其他词素联合构成词或语节，因此属于依存词素。

(25) a. 벚꽃 수지 시
　　 b. 이 예쁘- -다 가 인 을 만나- -았- -다①

在汉字词"시인（诗人）"中，"시（诗）"是自立词素，"인（人）"是依存词素。因为韩国语中存在与"인"对应的固有词"사람（人）"，所以"인"就是依存词素。反之，当固有词中没有可替代汉字词的词，则此汉字词被认为是自立词素，就像"시"一样。"문（门）"和"창（窗）"也不存在与之对应的固有词，因而也具有独立性，属于自立词素。再比如，"동화（童话）"一词中的"동（童）"与"화（话）"分别有与之对应的固有词"아이，어린이"与"이야기"因此，"동"与"화"都是依存词素。

2. 形式词素与实质词素

如前所述，根据词素具有词汇意义还是语法意义，可以将其分为形式词素与实质词素。代表客观事物、动作或状态，具有实际意义的词素被称为实质词素或词汇词素。实质词素可以是自立词素也可以是依存词素。例（26）a中的"벚꽃，수지，시"是自立词素也是实质词素，而词干"예쁘-""만나-"与汉字词"인"是实质词素也是依存词素。例（26）b中的助词或词尾等词素无词汇含义，它们附着在实质词素之后，表示一定的语法关系或语法含义，这样的词素被称为形式词素或语法词素。韩国语词素中的形式词素都是依存词素。

(26) a. 벚꽃 예쁘- 수지 시 인 만나-
　　 b. 이 -다 가 을 -았- -다

在形式词素中，还包含一些具有造词功能的词缀，这些含有造词功能的词素被称为"派生词缀"。例（27）a中的"지붕"是在实质词素"집"之后添加后缀"-웅"构成的名词。例（27）b中的"높이"是在实质词素"높-"之后添加后缀"-이"构成的名词。

---

① 一般依存词素的前面或后面都要添加连接号（붙임표）"-"，但是部分语法学者认为助词是一类词，所以其后不添加连接号。"만나-"表示连接号之后可添加其他词素，出现在"-았-"前后的连接号，说明"았"的前面和后面都可以附加其他成分。"-다"前的连接符号表示"다"之前可以添加其他词素。

"지붕"一词源自"집+웋（위）"，指家的最上面。"ㅎ"作为中世纪韩国语中末音体词（말음체언）"웋"的一部分，在长期发展的过程中演变为了收音"ㅇ"，由此形成"-웅"。而"-웅"通过限定"집"的含义从而构成了新的名词。后缀"-이"接在形容词词干"높-"的后面，使得形容词变为名词。虽然"-웅"与"-이"都具有构词功能，但它们的性质却不完全相同。"-웅"只能添加在词根"집"之后，不能与其他的词根结合，因而在参与构词的过程中，其作用是消极的、不具有能产性的。而"-이"除了与词根"높-"结合之外，还可以与其他词根结合构成新词，因此，其作用是积极的，富有能产性的。

(27) a. <u>지붕</u> 위에 눈이 하얗게 쌓였다.
屋顶上堆积着皑皑白雪。
b. 이 빌딩은 <u>높이</u>가 60미터이다.
这栋大楼高60米。

如上所述，在形式词素中，存在积极参与构词的词素，也存在间接地、消极地参与构词的词素。后缀"-이"属于前者，被称为"词形成素（단어형성소）"，而"-웅"属于后者，被称为"词构成素（단어구성소）"。此外，在屈折词缀中，存在积极参与句子构成的词素，也存在消极参与句子构成的词素。例如，"먹는다"中的"-는-"与"피었다"中的"-었-"虽然都是形式词素，但它们的性质有所不同。例（28）a中的"-는-"其后的终结词尾只能是"-다"，而例（28）b中的"-었-"作为先语末词尾，几乎可以和所有的语末词尾相结合。像这样，积极参与句子构成的形式词素被称为"句子形成素（문장형성소）"，而消极参与句子构成的形式词素被称为"句子构成素（문장구성소）"。因此，"-는-"属于句子构成素，而"-었-"属于句子形成素。

(28) a. 좀 출출해서 밤참 <u>먹는다</u>.
因为有点儿饿所以吃了夜宵。
b. 오늘 아침에 꽃이 활짝 <u>피었다</u>.
今天早晨花盛开了。

3. 词素的交替与基本形

在韩国语中，词素的音相并非一成不变。例如，动词词干"듣-"之后如果出现连接词尾"-고"，其发音为"[듣-]"；如果出现"-으"系列的连接词尾，其发音为"[들-]"；而在"듣는다"中，其发音则为"[든]"。同一词素由于语音环境（음운환경）

的不同导致音相不相同的现象叫作交替（교체）。同一词素的各个交替形（교체형）被称为异形态（이형태）。

在一个词素的多个交替形中，存在一个基本形（기본형），而基本形的确定需要遵循一定的标准。如果一个词素的交替形A能够合理推导与说明其他交替形（B，C，D），那么交替形A就是基本形。以"씻-"为例，在"씻으니, 씻어"中，它的发音标记为"[씻-]"；在"씻고, 씻지"中，它的发音标记为"[씯-]"；而在"씻니, 씻는다"中，它的发音标记为"[씬-]"。在异形态"[씻-, 씯-, 씬-]"中，"[씻-]"应为基本形。根据音节末音规则（받침 발음의 제약），收音的发音仅有7种，因而收音"ㅅ"在发音时，需要变成其代表音"ㄷ"，由此可从"[씻-]"推导出"[씯-]"。根据鼻音同化（비음동화）现象，当前面的音节以"ㄱ，ㄷ，ㅂ"作为收音出现时，后面遇到以鼻音"ㅁ，ㄴ"为首的音节，"ㄱ，ㄷ，ㅂ"在发音时需要分别变为"ㅇ，ㄴ，ㅁ"，由此可从"[씯-]"推导出"[씬-]"。但是如果将"[씯-]"作为基本形，虽然可以由"[씯-]"推导出"[씬-]"，却无法推导出"[씻-]"。如果将"[씬-]"作为基本形，既无法合理地推导与说明"[씻-]"，也无法合理地推导与说明"[씯-]"。

在韩国语中，也存在无法确定基本形的情况。例如，主格助词"이"与"가"，无论确定其中的哪个为基本形，都无法推导出另一个形态。针对这种情况，可以将两个异形态都作为基本形处理，或是临时指定其中的一个为基本形。也可以根据统计数据，将出现频率较高的一个异形态作为基本形，或是追溯一下语言历史上哪种形态最先出现，就将其确定为基本形。

4. 异形态交替的种类

在韩国语中，根据交替现象发生的条件不同，异形态的交替可以分为语音环境不同引起的交替（음운적 조건에 의한 교체），以及形态、词汇条件下形成的交替（형태·어휘적 조건에 의한 교체）。上文所提到的同一词素的异形态，都是基于语音环境不同而产生的。英语中也存在异形态或词素变体（allomorph）。例如，除了零形素（zero morph）之外，名词的复数形态存在 cats/s/、dogs/z/、cases/iz/、children/ən/ 等4种不同的变体。动词的过去式也存在 learned/d/、asked/t/、wanted/id/ 等3种形态，它们都是由于语音环境的不同而形成的异形态。形态、词汇条件下形成的交替，像"공부했다（学习了）"，以"하-"结尾的动词或形容词词干，在表示过去的含义时，并未添加连接词尾"-았-"，而是添加了词尾"-였-"，这显然不是由于语音环境不同而形成的异形态。当然，"하였-"属于特殊现象，一个词素的异形态绝大多数情况下，还是基于语音条件不同产生的。

韩国语中的交替还可分为自动交替（자동적 교체）和非自动交替（비자동적 교체）。如果交替现象不发生则有悖于语音规则，破坏该语言的语音体系，那么，这样的

交替称为自动交替。非自动交替指交替现象即使不发生，也不会对该语言的语音体系造成破坏的交替。"[씻-]"与"[씯-]，[씬-]"的交替属于自动交替。由于体词后可以省略助词，因而主格助词"이"与"가"的交替属于非自动交替。像"하-"结尾的动词或形容词词干，在表示过去的含义时，连接词尾"-였-"的这种基于形态、词汇条件下形成的交替也属于非自动交替。

根据交替是否具有规则性，还可将交替现象分为规则交替（규칙적 교체）与不规则交替（불규칙적 교체）。上文中"[씻-]"与"[씯-]，[씬-]"的交替能够用语音变化的原理解释，因而属于规则交替。"귀엽다（可爱）"中的词干"귀엽-"在连接词尾"-어서"时，变为"귀여워서"，像这样，无法用普遍的原理进行解释的特殊交替现象，属于不规则交替。

三、词

（一）词的含义

词是最基本的语法单位。婴儿出生后开始学说话，最初学习的语言单位便是词。在研究一门语言其词的种类以及结构时，需要先了解词的含义，然而对"词"下定义并非易事。

广为熟知的一种方式是从有无自立性的角度来定义词，即"词是能在句中独立存在的最小的自立形式（최소의 자립형식）"，然而这样的定义也不够准确。例如，"집안（家庭；家里）"一词的构成要素"집"与"안"都具有自立性，它们在句中都可以独立使用，依据上述定义，我们可以说"집안"不是词，"집"与"안"才是词，但事实上，"집안"是一个词。

在判断韩国语的"词"时，大体可以依据两个标准，即自立性（자립성）以及分离性（분리성）。自立性指这个语言单位是否能够单独运用，在句中作一定的句子成分。分离性指语言单位内部是否还可以插入其他要素。当某个语言单位可以独立运用，并且中间无法介入其他要素时，就可以判断这个语言单位是词。例如，"작은아버지（叔叔，叔父）"[①]能够独立存在，同时，在"작은"和"아버지"之间无法再插入其他词，因此，"작은아버지"是一个词。而在"작은 아버지（个子矮的爸爸）"中，"작은"和"아버지"之间可以添加"우리"等词，因此，"작은 아버지"就不是一个词。

---

① "작은아버지"一词原指爸爸的弟弟中已经结婚了的弟弟，但在2016年《标准国语大辞典》中，其意思发生了变化。现在主要指当爸爸的弟弟有好几位时，按照年龄顺序分为"大叔（첫째 작은아버지）；二叔（둘째 작은아버지）；三叔（셋째 작은아버지）"，其使用已与是否已婚无关。

仅仅依靠以上两个标准去分析某一语言单位是否为词还不充分，因为还是会存在一些难以判断的特殊现象。例如，"깨끗하다（干净）"虽然是一个能够在句中独立运用的词，但是其内部可以添加其他要素，例如"깨끗도 하다"。正是由于存在很多例外，因而从客观角度对词下定义就显得十分困难。

再比如，例（29）a中的依存名词（의존명사）"것"与例（29）b中的辅助动词（보조동사）"두다"都不具有自立性。依存名词"것"与助词"을"之间还可以添加其他助词。如果依据上述判断标准，就不应把"것"看作词。但是仔细观察可以发现，首先，依存名词与辅助动词虽不具有自立性，但其出现的环境却与自立词素相同。其次，它们既不是形式词素也不是实质词素，因为它们所含有的意义既不完全是词汇意义也不完全是语法意义。考虑到依存名词与辅助动词的特殊性，可以把它们称为"准自立语（준자립어）"，并归入词的范畴。

(29) a. 먹구름이 낀 <u>것</u>을 보니 비가 오기 십상이다.

　　　乌云密布，很容易下雨。

　　b. 책의 공백에 요점을 적어 <u>둔다</u>.

　　　在书的空白处记下要点。

（二）韩国语语法学者的词观

韩国语语法学研究领域的专家学者曾依据助词与词尾是否应被看作词，形成了对词概念的不同理解。有些语法学者将语节看作词，有些则认为语节还可以再分解，因此，他们把比语节更小的单位看作词。以"수지가 책을 읽었다（秀智读了书）"为例，周时经等早期的语法家认为，此句含有6个词。崔铉培等语法学家认为"읽었다"中的词干"읽-"以及词尾"-었-"和"-다"都不能够独立存在，因此将"읽었다"当作一个词来处理，认为此句中有5个词。郑烈模（정열모）与李崇宁（이숭녕）等历史语法学家把语节看作词，他们认为此例句中有3个词，分别是"수지가""책을"以及"읽었다"。在现代朝鲜的朝鲜语语法中，也将助词看作词的一部分，以语节为单位划分词。

(30) a. 수지, 가, 책, 을, 읽, 었다（6개）

　　　b. 수지, 가, 책, 을, 읽었다（5개）

　　　c. 수지가, 책을, 읽었다（3개）

从例（30）中可以看出，尽管语法学家对词的理解各不相同，但大家一致认为词与词素是两个不同的概念。依照崔铉培的词观，"수지，책，읽었다"之所以被看作词，是因为它们具有自立性。"수지，책"既是自立词素也是词，"읽었다"是由依存词素相互结合形成的词。助词"가，을"虽然是依存词素，但是很多语法学者都将它们看作词，这是因为助词与词干和词尾的性质稍有不同。首先，助词附着在自立词素之后，而词尾附着在词干这样的依存词素之后。其次，词干必须和词尾结合才能存在，而助词虽然是依存词素，但它们与位于其前的自立词素能够很轻易地分开。例如在"수지만이 책을 읽었다（只有秀智读了书）""수지가 책까지를 읽었다（秀智甚至书都读完了）"这两句话中，可以看出助词与其前的自立词素之间可以添加其他助词，使它们很容易分离。此外，在口语中，助词还可以省略。由此可见，助词的自立程度显然比词干和词尾要高。

正是由于助词具有相对独立性，因此周时经、崔铉培等语法学家将助词看作词。此外，将助词看作词的语法学者也或多或少受到了其他语言的影响。例如，英语中的冠词、前置词虽然不能独立存在，但它们也被看作词；汉语语法中，虚词虽然没有自立性，但仍然被认为是词。尽管英语和汉语中这些词类与韩国语的助词性质不同，但它们为将韩国语中的助词定义为词提供了重要的参考依据。[1]

（三）语节、词素、词的关系

上文依次谈论了语节、词素、词这3种不同的语言单位。那么，这三者之间有怎样的联系呢？首先，依据替换原理与结合原理形成的小节被称为语节。语节还可以被分为更小的语言单位——词素。其次，词素是含有词汇意义或语法意义的最小的语言单位，同时也是构成词的最基本的单位。词素中只有自立词素可以单独成词，独立运用。所有的依存词素只有同其他词素结合起来才能构成一个可独立运用的词。例如，在"빵，돕는다，돌다리"中，"빵"是自立词素、实质词素，同时也是词；"돕는다，돌다리"可以称为词，但不是词素，因为词素是有意义的最小的语言单位，而它们显然还可以继续分解。词素与词的关系可以用"词素≤词"来表示。最后，词与语节的关系也相当紧密。一个词可能就是一个语节，例如"먹었다"。一个语节也可能由两个或两个以上的词构成，例如"나에게만"。综合上述内容，语素、词、语节之间的关系可以用"词素≤词≤语节"来表示。在谈论词的分类以及词的构造原理时，都会涉及"词"这一语言单位，而词又是由词素构成的，因此词素和词是学习和研究韩国语形态学时，必须要掌握的重要概念。

---

[1] 남기심，고영근.표준국어 문법론[M].서울：박이정，2014：43.

第四章
韩国语的词与词类

一、划分词类的意义

了解词的种类与特征是总结语法规则的前提。词在组合成句子时，遵循一定的组合规则，对组合规则的把握，依赖于对词所具有的共同语法特征的了解。把具有相同语法特征的词归类，并对它们怎样与其他词类组合成句进行分析，就会很轻易地发现词与词之间的组合规则。一种语言中至少有数十万个词，如果将数十万词按照它们具有的语法特征划分为几大类别，就远远比总结每一个词的特征省时、高效。此外，对词进行分类也是我们把握不同语言特征的重要途径。例如，韩国语中存在助词（后置词），而汉语中存在介词（前置词），韩国语中有冠形词，而汉语中没有这类词，仅仅从这两点就可以看出韩国语和汉语这两种语言的特征与差异。

二、词类的划分标准

把具有某种共同特征的词按照一定的标准分成的若干类叫作词类。例如，依据词的语种可以将韩国语词汇分为固有词、汉字词与外来词。其中，固有词占25.9%，汉字词占58.5%，外来词占4.7%，其他占10.9%。依据词的构成方式可以将其分为单纯词（단일어）和复合词（복합어）。依据词在句中的功能、词的形态特征以及意义上所具有的共同属性，也可将词分为若干类别。在划分韩国语的词类时，形态与功能是主要的参考标准。形态（형태）指词在外表上的特征。依据词的形态是否发生改变可以将其分为可变词（가변어）与不变词（불변어）。形态发生改变的词称为可变词或变尾词[1]，形态不发生改变的词称为不变词。在韩国语中，名词、代词、数词、除"이다"之外的助词、冠形词、副词、感叹词等属于不变词。但有部分学者认为，体词（名词、代词、数词）

---

[1] 刘沛霖.韩国语语法[M].北京：商务印书馆，2017：85.

是位于可变词与不变词中间的准可变词（준가변어）。①因为体词之后附着助词，与动词或形容词词干后附着词尾的性质相似，因而可以将体词归于可变词。但在口语中，体词后连接的助词可以被省略，所以体词又可以归于不变词。由此来看，将其看作准可变词也有一定的道理。动词、形容词以及叙述格助词"이다"属于可变词。例（31）a—c分别展现了动词、形容词、叙述格助词"이다"的形态变化，它们虽然都属于可变词，但在添加相同的词尾时，其形态差异还是较为明显的。例（31）a中的动词词干后可以添加命令形终结词尾"-어라"，但例（31）b、c中的形容词词干与叙述格助词"이다"的词干之后，却不能添加命令形终结词尾。

(31) a. 먹었다/먹어라/먹는구나/먹는다
　　　b. 검었다/＊검어라/검구나/검다②
　　　c. 가방이었다/＊가방이어라/가방이로구나/가방이다

功能（기능）是对词进行分类的第二个重要标准，它是指一个词在句中同其他词所形成的关系。例（32）中的"넓이"与"깊이"在句子中都充当宾语，因此它们的语法功能相同。"구하다"与"재다"在句中作谓语，它们的语法功能也相同。同时，从形态上看，"넓이"与"깊이"属于同一类词，"구하다"与"재다"属于同一类词。

(32) a. 이 정삼각형의 넓이를 구하세요.
　　　　请算一下这个正三角形的面积。
　　　b. 저 수영장의 깊이를 재세요.
　　　　请测量一下那个泳池的深度。

意义（의미，뜻）是对词进行分类的第三个标准。这里的意义并非指词的词汇意义而是词在形式上的意义，具体指这个词指代的是"事物的名称"还是"动作或性质、状态"等。例（33）a中的"길이"和"길다"都含有"长"这层含义，从词汇意义上来说，应该把它们归于同一个集合。同理，例（33）b中的"높이"和"높다"都具有"深"的含义，从词汇意义上讲，它们也应属于同一个集合。但是，以词汇意义为依据的词的分类没有太大的意义。从韩国语形态学的角度划分词类时，主要依据词在形式上的含义进行判断。因此，我们倾向于将例（33）中指代事物名称的"길이"与"높이"划分为同一类词，将表现事物状态的"길다"和"높다"划分为同一类词。

---
①남기심, 고영근.표준국어 문법론[M].서울: 박이정, 2014: 47.
②例（31）a中的"＊"表示位于其后的例句为病句。例（31）b中的"＊"所表示的含义同上。

(33) a. 길이 길다
　　　长度 长
　　b. 높이 높다
　　　高度 高

形态、功能、意义是划分韩国语词类的重要依据，但这些标准并非适用于地球上的所有语言。例如，汉语是孤立语，其词没有形态变化，因而，形态就不是划分汉语词类时要考虑的因素。在汉语中，主要依据词的语法功能对词进行分类。[①]依据语法功能可以将汉语中的词分为实词和虚词两大类。具有词汇意义，能够单独充当句子成分的词是实词；具有语法意义，无法单独充当句子成分的词是虚词。名词、代词、数词、量词、动词、形容词、副词是实词，连词、介词、助词、语气词、感叹词、象声词是虚词。其中，汉语中的助词主要附着在词或词组之后，表示一定的附加意义，它与韩国语中的补助词的语法功能类似。

三、词的种类

如表4-1所示，每种语言的词的种类不尽相同，这使得不同的语言展现出不同的特征。在英语语法中，一般设置8种词，汉语的词共有12种，韩国语中存在9种词。这里需要强调的是，每种语言在划分词类时，依据的标准各不相同，因而在一种语言中属于某类词的，在另一种语言中可能不被看作一类词。例如，英语中虽然存在冠词与数词，但冠词、数词均未被看成词类。在韩国语和汉语中，虽不存在冠词这类词，但确有数词这类词。汉语的介词和连词分别与韩国语的助词与接续副词（접속부사）相对应。在汉语中，介词与连词属于两类词，但在韩国语中，助词属于一类词，接续副词属于句子副词中的一种，不被单独看作一类词。此外，作为展现韩国语自身特征的冠形词也被划分为一类词，但在语言类型学中却未单独列出这类词。在韩国语中，也存在与汉语中的量词、象声词相似的词，分别叫作单位性依存名词（단위성 의존명사）与拟声词（의성어）、拟态词（의태어），与汉语不同的是，它们未被划分为词类。

表4-1　韩国语、汉语、英语的词类及与语言类型学相关学术用语的名称对照

韩国语	汉语	英语	语言类型学
名词	名词	名词	名词
动词	动词	动词	动词

---

① 胡裕树.现代汉语[M].上海：上海教育出版社，2011：284.

续表

韩国语	汉语	英语	语言类型学
形容词	形容词	形容词	形容词
代名词	代词	代词	代词
副词	副词	副词	副词
×	介词	前置词	前置词
×	连词	接续词	接续词
感叹词	叹词	感叹词	感叹词
数词	数词	×	数词
×	×	×	冠词
助词	×	×	后置词
冠形词	×	×	×
×	量词	×	分类词
×	象声词	×	拟声拟态词
×	助词	×	特殊功能词
9类词	12类词	8类词	

资料来源：송경안.언어의 유행과 한국어 그리고 영어[M].서울：역락，2019：112。

不同学者对同一种语言的词类划分也会有所不同。如表4-2所示，除了指定词（지정사）以外，标准韩国语语法对词的分类与崔铉培（1937）的分类结果基本上一致。"이다，아니다"被叫作指定词。鉴于"이다，아니다"有着独特的语法功能，崔铉培将它们看作一类词。朴勝彬（1937）除了指定词之外，还设置了存在词（존재사）和助用词（조용사）。存在词是指"있다，없다"，助用词是指助动词（辅助谓词）。李熙昇（1956）将存在词和接续词划分为两类词，但他不认为数词可被划分为一类词。

表4-2 韩国语词的分类

李秉岐（1929）	名词、动词、形容词、副词、接续词、感动词、助词（7种）
朴勝彬（1937）	名词、代名词、存在词、指定词、形容词、动词、助用词、助词、冠形词、副词、接续词、感叹词（12种）
崔铉培（1937）	名词、代名词、数词、动词、形容词、指定词、冠形词、副词、感叹词、助词（10种）
李熙昇（1956）	名词、代名词、动词、形容词、存在词、冠形词、副词、接续词、感叹词、助词（10种）
标准语法（1963）	名词、代名词、数词、动词、形容词、冠形词、副词、感叹词、助词（9种）

资料来源：이광정.국어품사분류의 역사적 발전에 대한 연구[M].서울：한신문화사，1987：88。

（一）体词

体词指其后可以添加助词，在句中作主语、宾语、补语、定语等句子成分的词。如前所述，在对词进行分类时，主要基于形态、功能以及意义三个标准。从形态上看，如例（34）所示，"수미，피아노，펜，나，이것，하나"等名词、代词、数词与"가，를，도，이，더"等助词、副词是不变词。"배우다，잃다，좋다"等动词、形容词是可变词。从意义的角度分析，例（34）a中的"수미"和"피아노"以及例（34）c中的"펜"是指代事物名称的名词。例（34）b中的"나"和"이것"是代指某人或某物的代词。例（34）c中的"하나"是指代事物数量的数词。依据功能标准，名词、代词、数词是句子的主干（뼈대）或叫主体，因此可以被划分为一个集合，统称为体词。

(34) a. 수미가 피아노를 배웠다.
秀美学过钢琴。
b. 나도 이것이 더 좋다.
我也更喜欢这个。
c. 펜 하나를 잃었다.
丢了一支笔。

（二）谓词

动词和形容词虽然在具体的形态变化和意义上有所不同，但从功能的角度考虑，它们均可以对句子的主体进行叙述或解释，因而我们将这两种词统称为谓词（용언）。例（35）a、b中的"웃다"和"피다"分别对人的动作以及自然界所发生的变化进行描述，依据意义标准，它们被划分为动词。例（35）c、d中的"귀엽다"与"맑다"分别对人的品性以及花的状态进行描述，按照意义标准划分，它们属于形容词。动词与形容词不仅在意义上有所不同，在具体的形态变化上也存在差异。如例句所示，同样是连接对现在的事实或行为进行叙述的终结词尾，动词与形容词词干后所连接的词尾的形态却不相同。例（35）a、b以词尾"-는/-ㄴ다"来终结句子，而例（35）c、d以词尾"-다"来结束句子。从形态上看，动词、形容词以及例（35）e、f中的叙述格助词"이다"三者可以根据其所要表达的语法含义，添加适当的词尾从而实现活用，因而可将它们看作一个集合，称为活用词（활용어）。

(35) a. 동생이 우는다.
弟弟哭了。

b. 무궁화 꽃이 핀다.
木槿花开了。
c. 승윤이 너무 귀엽다.
昇润很可爱。
d. 강물이 너무 맑다.
江水很清澈。
e. 저는 학생이다.
我是学生。
f. 저는 학생이었다.
我以前是学生。

（三）关系词

关系词指依附于体词之后，表示一定语法意义的词。韩国语的关系词只有一种，即助词。助词附着在具有自立性的体词之后，标明词与词之间的关系，因此，助词也叫关系词（관계언）。例（36）a中的助词"은"附着在名词"민철"之后，表明"민철"是句子的主题[①]。助词"를"附着在名词"트로트"之后，表明"트로트"是句子的宾语。在助词中，存在一类特殊的叙述格助词"이다"。"이다"不但可以像其他助词一样，附着在体词之后，表明体词与句中其他词的关系，而且还具有将体词变为谓词形的功能，这是其他助词所不具备的特征。因此，从功能角度看，叙述格助词"이다"属于关系词，而从形态上看，它存在活用形，属于活用词。

（36）a. 민철은 트로트를 좋아한다.
敏哲喜欢韩国演歌。
b. 서울은 대한민국의 수도이다.
首尔是大韩民国的首都。

（四）修饰词

修饰词指在句中对中心语起修饰或限定作用的词。在韩国语中，修饰体词的冠形词

[①] 由于主题传递信息的能力较弱，因此它通常被放在句子的最左边。韩国语的句子存在主题与主语有时一致，有时不一致的情况。例如，在"무등산은 광주의 동쪽에 있다（无等山在光州的东边）"这句话中，主题与主语都是"무등산（无等山）"；但在"광주의 동쪽에는 무등산이 있다（光州的东边有无等山）"这句话中，主题是"광주의 동쪽에（光州的东边）"，主语却是"무등산（无等山）"。

以及修饰谓词的副词都可以被称为修饰词。冠形词是最能体现韩国语这种语言的特征的一类词，包含指示冠形词（지시 관형사）、数冠形词（수관형사）、性状冠形词（성상 관형사），是不发生形态变化的一类词。在例（37）a中，像"그"那样，指示特定对象的冠形词，叫作指示冠形词。例（37）b中的"한，두"这类明确事物具体数量的冠形词叫作数冠形词或数量冠形词（수량 관형사）。像例（37）c中的"새"一样，放在名词前，描述事物的模样、性质、状态等的冠形词，叫作性状冠形词。

(37) a. 나는 그 자전거를 타고 싶다.
　　　我想骑那辆自行车。
　　b. 한 입으로 설마 두 말 할까?
　　　难道还想出尔反尔吗?
　　c. 어머니께서는 새 자동차를 구입하셨다.
　　　妈妈买了新车。

从功能上看，副词与冠形词都具有修饰功能且没有形态变化，因此，可将这两种词归为一个集合，称为修饰词（수식언）。例（38）a中的副词"활짝"放在动词"피다"之前，修饰动词，描述了花的状态。例（38）b中的"정말"位于形容词"예쁘다"之前，修饰形容词，对漂亮的程度进行了说明。副词主要分为成分副词（성분부사）以及句子副词（문장부사）。（详见第八章）

(38) a. 꽃이 활짝 피었다.
　　　花盛开了。
　　b. 이 아가씨는 정말 예쁘다.
　　　这位小姐真的很漂亮。

（五）独立词

独立词指相对独立于其他句子成分之外，与其他句子成分相比独立性较强的词。韩国语中的独立词专指感叹词。感叹词是强烈表达话者的喜、怒、哀、乐、恶、欲等情感以及明确表示招呼与应答、肯定与否定等含义的一类词。与冠形词、副词相同，感叹词也不存在形态变化。例（39）a中的感叹词"그래"，表达了说话者对听者观点的认同。例（39）b中的"아이고"，是说话者对运动量已经达到自己身体极限的感叹。

(39) a. 그래. 이 옷은 예쁘지만 좀 커.
　　　是的。这件衣服好看是好看，但是有点儿大。

b. 아이고, 힘들어서 더 못 가겠다.
哎哟，太累了，走不动了。

以语法功能为中心，韩国语中共有9大词类（품사）。这9大词类可再分为体词、关系词、谓词、修饰词、独立词5大类。具体如图4-1所示：

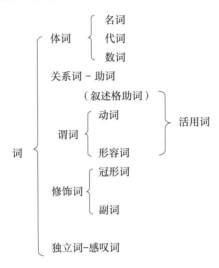

图4-1　韩国语的词类

此外，根据是否具有自立性还可以将词分为自立词（자립어）和依存词（의존어）。在韩国语的9类词中，除助词是依存词外，剩下的8类词都是自立词，只是这8类词的自立程度不相同。感叹词通常可以独立使用，因此，是自立性最强的一类词。其次是体词、谓词、副词、冠形词。冠形词和作为依存词素的助词相似，即冠形词也必须依附于体词而存在。但与助词不同的是，冠形词是实质词素，含有词汇意义，因此，将其归为自立词，但它的自立性相对于其他词类是最弱的。

四、词的兼类

在韩国语中，存在一个词虽被归在某一类词中，却具有其他词类特征的现象。这一现象称为词的兼类（품사의 겸류）或词的通用（품사의 통용）。例（40）a中的"열与 백"在前一句话中用作数词，在后一句话中用作冠形词。例（40）b中的"밝다"既可用作形容词，也可用作动词。例（40）c中的"거기"在第一句话中当指示代词用，在第二句话中当副词用。例（40）d中的"저런"在句中既充当感叹词，也可以充当冠形词。例（40）e中的"평생"兼具名词与副词的功能。此外，在韩国语中，还存在兼具依存名词与助词功能的词，如"만큼"；兼具副词与感叹词功能的词，如"아니"；兼具动词、助词与副词功能的词，如"보다"等。

（40）a. 철수는 열을 배우면 백을 안다./열 사람이 백 말을 한다.

哲秀能够举一反三。/ 十人百语。

b. 오늘은 달이 엄청 밝다/ 이제 곧 날이 밝는다.

今天的月亮很明亮。/ 现在天马上就要亮了。

c. 거기가 어디입니까?/ 저도 거기에 갈 것입니다.

那里是哪里？/ 我也要去那里。

d. 저런, 아직도 점심을 못 드셨어요?/ 나는 저런 사람이 좋아.

啊，还没吃晚饭啊？/ 我喜欢那种人。

e. 평생을 두고 잊지 못할 일이 많다./ 어릴 때의 습관은 평생 간다.

终生难忘的事情很多。/ 小时候的习惯会跟一辈子。

现代汉语中也存在词的通用现象。例如，"报告"一词既可用作动词，表示"将事情或意见正式告诉上级或众人"，也可用作名词，表示"用口头或书面形式所做的陈述"。"怪"既可作形容词，表示"奇异，不寻常"，在口语中也可当副词使用，表示程度，"很，非常"。"宽"既可作形容词，表示"宽大，宽敞"，也可作动词，表示"放宽，解开，宽慰，宽恕"等含义。再比如"困难"一词，可以用作名词，表示"阻碍"，也可以用作形容词，表示"事情复杂，障碍多，不容易解决"。汉语属于孤立语，因此，同一词即使作为谓词出现，其在句中的形态也不会发生改变。

第五章
体　　词

如前所述，根据词在句中的功能、词的形态特征以及词义上所具有的共同特征，韩国语的词可以分为体词、谓词、修饰词、关系词和独立词五大类。本章将重点介绍体词。根据其表示命名对象、指示对象以及数量等不同含义，体词又可再分为名词、代词、数词三个小类。

一、名词

（一）名词的特征

名词通常是指表示人和事物名称的词。韩国语中的名词具有以下特征：第一，名词后可以添加助词，在句中充当主语、谓语、宾语、补语、定语、状语等句子成分；第二，名词可以受冠形词以及其他定语的修饰；第三，无论作何种成分，其形态固定不变；第四，除了在句中作谓语的情况之外，名词后可以不附着助词，单独作句子成分；最后，与法语[1]等语言不同，韩国语中的名词在语法上无"性别"之分，只有词汇意义上的"性别"差异。一部分名词随着词义的不同可分阴阳性。例如，女生在称呼"哥哥"时，使用"오빠"一词，而男生在称呼"哥哥"时，使用"형"一词。女生在称呼"姐姐"时，使用"언니"一词，而男生在称呼"姐姐"时，使用"누나"一词。此外，还有很多名词分不出阴阳性，如需要表示所指代事物的性别，可在此类名词前添加"여/남，여자/남자"等词，如여동생（妹妹）、남동생（弟弟）、여자친구（女朋友）、남자친구（男朋友）等。在英语和汉语中，也只存在词汇意义上的性别差异，如英语中的

---

[1] 与韩国语不同，法语中的名词有"性别"之分。如在 J'aime la pomme（나는 사과를 좋아한다）这句话中，由于 pomme 属于女性名词，因而其前使用冠词 la；而在 J'aime le sport（나는 스포츠를 좋아한다）这句话中，由于 sport 属于男性名词，因而其前使用冠词 le。

heir、heiress、girlfriend、boyfriend 等词，汉语中的"男教师、女教师、男作家、女作家"等，这一点充分表现出三种语言的普遍倾向性。

(41) a. <u>여동생이</u> 왔다. <主语>
妹妹来了。
b. 누구의 <u>여동생입니까</u>? <谓语>
是谁的妹妹？
c. <u>여동생을</u> 좋아합니까? <宾语>
喜欢妹妹吗？
d. <u>여동생에게</u> 초콜릿을 주었어요. <状语>
给了妹妹巧克力。
e. <u>여동생이</u> 되었다. <补语>
成了妹妹。
f. <u>여동생의</u> 가방이 예뻐. <定语>
妹妹的包漂亮。
g. <u>똑똑한 여동생이</u> 경기에서 금메달을 땄다. <受定语的修饰>
聪明的妹妹在比赛中获得金牌。

判断一个词是否为名词，要看这个词能否在"무엇이 무엇이다（什么是什么），무엇이 어찌한다（什么怎么做或怎么办），무엇이 무엇을 어찌한다（什么将什么怎么做或怎么办）"的结构中填补"무엇"。如例（42）中的"학생""흰수염 고래""여동생""주스""고등학생""궁극""목표""진학"这些词都可以出现在"무엇"的位置上，因此是名词。其中，例（42）d 中的名词"진학"和叙述格助词"이다"连用的情况，要少于与"하다"连用构成动词"진학하다"的情况，这种现象多存在于汉字词中。例如，"공평（公平），성실（诚实），곤란（困难），독립（独立）"等汉字词与"하다"连用的频率高于与叙述格助词"이다"连用的频率。

(42) a. 나는 <u>학생</u>이다.
我是学生。
b. <u>흰수염 고래</u>가 헤엄치고 있다.
白须鲸正在水中游。
c. 여동생이 <u>주스</u>를 만들었다.
妹妹做了果汁。

d. 고등학생의 궁극의 목표는 진학이다.
　　　　高中生的最终目标是升学。

（二）名词的种类

1. 有情名词与无情名词

根据名词所指称的对象是否懂得表达情感，我们可以将名词分为有情名词（유정명사）和无情名词（무정명사）。名词所命名的对象既可以是能够用眼看、用手触摸的具体的人或事物，也可以是抽象的概念。例（43）a是表示人或动物的有情名词。例（43）b是表示植物、微生物以及其他物体的名词，由于这类名词无法表达情感，因此，它们属于无情名词。与代表人、动物、植物以及其他事物的例（43）a与例（43）b不同，例（43）c中的名词是一些自然现象，而（43）d中的名词则表示一些抽象的概念。

（43） a. 어머니　　민호　　다람쥐　　강아지　　사람
　　　　　妈妈　　　敏浩　　松鼠　　　小狗　　　人
　　　　b. 국화　　　장미　　카메라　　가방　　　돌
　　　　　菊花　　　玫瑰　　照相机　　书包　　　石头
　　　　c. 미세먼지　비　　　바람　　　번개　　　황사
　　　　　雾霾　　　雨　　　风　　　　闪电　　　沙尘暴
　　　　d. 행복　　　기쁨　　여행　　　자본주의　휴머니즘
　　　　　幸福　　　高兴　　旅游　　　资本主义　人道主义

2. 普通名词与专有名词

根据名词的使用范围，可以将名词分为普通名词（보통명사）和专有名词（고유명사）。泛指人、事、物、地点或抽象概念的一类名词叫普通名词，如"강（江），나라（国家），사람（人），집（家），기쁨（高兴）"等词。某个特定的人名、地名或机构的名称等叫作专有名词，如"고려（高丽），첨성대（瞻星台），한강（汉江），불국사（佛国寺），우등산（无等山）"等词。这些专有名词与普通名词"문물（文化产物），강（江），절（寺庙），산（山）"相比较，其承载的历史与文化内涵不言而喻。

由于专有名词是特定的、独一无二的，因此，它们不能和与数量相关的词结合。例如，例（44）b、例（44）d以及例（44）f中的专有名词是不能同数冠形词"한"、表示复数的后缀"-들"、补助词"마다（每）"结合的，但专有名词可以转化为普通名词使用。如在"서울예술대학교는 많은 이루마들을 길러냈다（首尔艺术大学培养了许多李

闰珉）"这句话中，"이루마"原本是专有名词，指韩国著名的钢琴家李闰珉先生，但当表示跟李闰珉先生一样优秀的众多钢琴人才时，"이루마"则不再是专有名词，而是普通名词，其后也可以添加表示复数的后缀"-들"。此外，在"이 젊은이가 사과를 샀다（这个年轻人买了苹果）"这句话中，"이 젊은이"是符合语法规则的正确表述，而在"이 철수가 사과를 샀다（这个哲秀买了苹果）"这句话中，"이 철수" 则是错误的表述，这充分说明专有名词也不与指示冠形词搭配使用。

(44) a. 한 사람이 놀고 있다.
　　　有一个人在玩儿。
　　*b. 한 수진이 놀고 있다.
　　　有一个秀珍在玩儿。
　　c. 시골들에는 사람이 별로 없다.
　　　乡下几乎没有人。
　　*d. 광주들에는 사람이 별로 없다.
　　　光州几乎没有人。
　　e. 산마다 예쁜 꽃이 있다.
　　　每座山都有漂亮的花。
　　*f. 무등산마다 예쁜 꽃이 있다.
　　　每座无等山都有漂亮的花。

3. 自立名词与依存名词

根据名词是否具有独立的词汇意义、在句中能否独立充当句子成分，可将名词分为自立名词（자립명사）与依存名词（의존명사）。例（45）a中的词具有明确的词汇含义，在句中能够独立的充当句子成分，因而是自立名词或称其为完全名词（완전명사）。例（45）b中的词所表达的词汇意义较为抽象，它们在句子中无法独立运用，因而是依存名词或叫不完全名词（불완전명사）、形式性依存名词（형식성 의존명사）。

(45) a. 일　장소　대학생　올림픽
　　　b. 것　데　분　지

在例（46）b、例（47）b与例（48）b中，依存名词在句中无法单独作句子成分，必须与位于其前、修饰它的限定词一起构成句子成分，而例（46）a、例（47）a与例（48）a中的自立名词，其前即使没有限定词，在句中也依然能够完全独立运用。依存名词与助词、词尾、词缀相似，都不能独立存在，因此，将依存名词看作形式词素也未尝不可，只是依存名词出现的环境与普通名词高度一致，即依存名词前可以添加限定词，其后可以附着特定的助词，加之它们所表达的意义并非是单纯的语法含义，因此，将依存名词归为名词更为恰当。

(46) a. 삼촌께 급한 일이 생기신 것 같아요.
　　　 叔叔好像有急事。
　　　 b. 삼촌께서 사야 하실 것이 많아요.
　　　 叔叔要买的东西太多了。

(47) a. 철수는 시끄러운 노래방을 좋아하지 않아요.
　　　 哲秀不喜欢吵闹的练歌房。
　　　 b. 철수는 시끄러운 데를 좋아하지 않아요.
　　　 哲秀不喜欢吵闹的地方。

(48) a. 저 대학생이 피아노를 치고 있다.
　　　 那位大学生在弹钢琴。
　　　 b. 저 분이 피아노를 치고 있다.
　　　 那位在弹钢琴。

例（46）b、例（47）b与例（48）b中的依存名词"것，데，분"可以用"물건，장소，대학생"等自立名词来替换。依存名词除了不能在句子中独立运用之外，与自立名词相似，可以与冠形词、助词相结合，在句中充当各种成分。像"것，데，분"这样的依存名词又叫普遍性依存名词（보편성 의존명사）。

"것"是最具代表性的普遍性依存名词。仔细观察例（49）就能发现，"것"具有以下特征。首先，"것"可以和主格、宾格、叙述格、副词格等助词结合使用。其次，它可以与冠形词、冠形词形词尾（관형사형어미）结合使用。最后，"것"可以协助构成名词性子句（명사절）。此外，它还可以和冠形词形词尾"-을/를"结合，构成"-을/를 것이다"，表示"确信、肯定；推测、估计；意志或当为性"。例如，在"이번 시합에서 우리 팀은 꼭 이길 것이다"这句话中，"이길 것이다"表示对自己的队伍一定会取得胜利的确信与信心；在"내일은 날씨가 좋지 않을 것이다"这句话中，"좋지 않을 것이다"对明天的天气情况进行了预测、推测；而在"나는 오늘 이 과제를 꼭 해낼 것이다"这句话中，"꼭 해낼 것이다"表达了说话者一定要完成这项作业的意志与决心。"것"还可以和冠形词形词尾"-는/은/ㄴ/던"以及叙述格助词"이다"结合，共同构成

句式"-는/은/ㄴ/던 것이다",表示"肯定、确信或强调"。例如,"나한테는 한국어를 배우는 것보다 더 중요한 일은 없는 것이다(对于我来说,没有什么事比学习韩国语重要)"。"것"与冠形词形词尾"-을/를"组成"-을/를 것",表示"命令、指示、要求"。例如,"내일 6시에 학교 동문 앞 모일 것(明天早上6点在学校东门前集合)"。含有"것"的句式"-을/를 것이지"也表示"当为性",但暗含指责、埋怨之义。例如,"돈을 주고 산 것이지 주운 것이 아니라서 낭비하지 말아야 한다(东西是用钱买来的,不是捡来的,所以不应该浪费)"。此外,还需注意,在口语中,"것"经常简写为"거"。例如,"그 책은 내 거다(书是我的)"。在口语中,"것"后面连接格助词"이"时,可以缩略为"게"。例如,"혼자 가는 게 편하다(独自去比较方便)"。

(49) a. 쓰는 것<u>이</u>, 쓰는 것<u>을</u>, 쓰는 것<u>이다</u>, 쓰는 것<u>에</u>
　　　b. <u>새</u> 것, <u>헌</u> 것, <u>하는</u> 것, <u>할</u> 것, <u>한</u> 것, <u>하던</u> 것
　　　c. 내가 <u>아는 것</u>은 그 사람이 범인이 아니라는 것이다.
　　　　我知道的是那个人不是犯人。
　　　d. 이 공예품은 마구잡이로 대충대충 만든 <u>것임</u>을 알 수 있다.
　　　　可以知道的是这个工艺品是随便粗略制成的。

此外,与主格助词搭配使用,在句中作主语的依存名词被称为主语性依存名词(주어성 의존명사),如"나위, 지, 리, 수, 품, 투, 턱"等【参照例(50a-e)】。其中"나위, 리, 수, 턱"可与冠形词形词尾"-(으)ㄹ"和谓词"있다/없다"结合,构成惯用语。依存名词"따름, 나름, 뿐, 터, 때문, 폭, 편, 탓"通常与叙述格助词"이다"连用,在句中作谓语,因此,它们被称为叙述性依存名词(서술성 의존명사)【参照例(50) f-j】。此外,"터, 때문, 편"还可以与副词格助词"에"连用【参照例(50) k】。另外,"통, 김, 바람, 무렵, 만"等依存名词也可以同副词格助词"에"搭配使用【参照例(50) l】。依存名词中还存在在句中修饰动词、作状语的副词性依存名词(부사성 의존명사),如"줄, 채, 김, 만큼, 대로, 조"等【参照例(50) m-n】。①

(50) a. 그거야 두 말 할 <u>나위</u>가 없지.
　　　　那当然是毋庸赘言了。
　　　b. 베이징을 떠난 <u>지</u>가 벌써 30년이 가까워 온다.
　　　　离开北京将近30年了。

---

① 刘沛霖. 韩国语语法[M]. 北京:商务印书馆,2017:89-154.

c. 철수가 이 일을 알 리가 없다.

哲秀不可能知道这件事情。

d. 세상 사람이 모두 나에게 뒷손가락질한다고 해도 어쩔 수가 없다.

即使是世间所有的人在背后责难我也没有办法。

e. 철수는 그런 짓을 할 턱이 있나?

哲秀怎么会做那种事？

f. 난 너만 믿을 따름이지.

我只相信你。

g. 성공하고 못하고는 네가 열심히 하기 나름이다.

能否成功要看你怎样努力了。

h. 하루 종일 피아노만 칠 뿐이었다.

一整天只弹了钢琴。

i. 수미는 커서 만화가가 될 터이다.

秀美长大后想成为一名漫画家。

j. 사람이 고통스러운 이유는 잘못된 것을 추구했기 때문이다.

人之所以痛苦是因为追求了不正确的东西。

k. 세 끼를 굶은 터에 찬밥 더운밥을 가리겠느냐?

三餐都没有吃还会挑食吗？

l. 말이 나온 김에 한 마디 더 하겠다.

既然说起来了，那我就再多说一句吧。

m. 시간이 허락되는 대로 해 보도록 하겠다.

在时间允许的情况下尝试去做。

n. 뷔페 식당에 왔는데 먹을 만큼 먹어라!

既然来到了自助餐厅，就尽情吃吧！

依存名词中还存在一类表示人、事物、动作数量的单位性依存名词（단위성 의존명사）。与形式性依存名词不同，单位性依存名词含有明确的含义，因此，单位性依存名词又叫作实质性依存名词（실질성 의존명사）。有些依存名词既可以作为形式性依存名词也可以作为实质性依存名词来使用，例如"분"。在"저기 오시는 분이 교장 선생님이십니다（那边走来的那位是校长）"这句话中，"분"就是形式性依存名词；而在"손님 두 분이 오셨습니다（来了两位客人）"这句话中，"분"就是实质性依存名词。

如例（51）所示，单位性依存名词按照词的来源，又可分为固有词与汉字词。例（51）a中的"마리（头），켤레（双），채（栋），벌（套）"等单位性依存名词属于固有词。例（51）b中的"장（张），권（卷），척（艘），대（台）"等单位性依存名词属

于汉字词。单位性依存名词和普通名词类似，其前可以添加数冠形词，其后也可以附着助词，因此，可以将单位性依存名词归于名词的范畴，但是单位性依存名词无法像普通名词一样在句中独立使用，因而称它们为依存名词更为准确。

(51) a. 곰 한 마리　　양말 두 켤레　　집 세 채　　옷 네 벌
　　　 三只熊　　　　两双袜子　　　三栋房子　　 四套衣服
　　 b. 종이 다섯 장　책 여섯 권　　군함 일곱 척　자동차 여덟 대
　　　 五张纸　　　　六本书　　　　七艘军舰　　 八台汽车

有一些单位性依存名词也可以作自立名词使用。例（52）a 中的"사람"、例（52）c 中的"병"、例（52）e 中的"그루"是单位性依存名词，但这三个词在例（52）b、例（52）d、以及例（52）f 中，也可以分别作自立名词使用。

(52) a. 한 사람
　　　 一个人
　　 b. 공부하는 사람
　　　 学习的人
　　 c. 물 한 병
　　　 一瓶水
　　 d. 병에 들어 있는 물
　　　 瓶子里的水
　　 e. 나무 한 그루
　　　 一棵树
　　 f. 그루만 남은 나무
　　　 只剩下树桩的树

韩国语中的单位性依存名词在汉语语法中被称为量词。量词是表示人、事物或动作的数量单位的词。汉语中的量词可分为名量词与动量词两大类。[①] 名量词是用来表示人和事物数量的单位。通常情况下，汉语中的数词不与名词直接连用，中间需要添加量词。如例（53）a—f 所示，名量词又可以被分为专用量词、借用量词。其中，专用量词又可以再细分为个体量词、集合量词、度量词、不定量词、准量词、复合量词等。表示动作或变化次数的单位的量词叫作动量词。如例（53）g、h 所示，动量词也分专用动量词与借用动量词两类。

[①] 刘月华，潘文娱，故韡. 实用现代汉语语法[M]. 北京：商务印书馆，2019：128-135.

(53) a. 一条路　　　一张画　　　一颗星　　　一件衣服　　＜个体量词＞
　　　 한 길　　　　그림 한 장　별 한 개　　옷 한 벌
　　 b. 一套房子　　一双筷子　　一副手套　　一群孩子　　＜集合量词＞
　　　 집 한 채　　젓가락 한 쌍　장갑 한 짝　아이 한 무리
　　 c. 一斤苹果　　六尺大鱼　　　　　　　　　　　　　　＜度量词＞
　　　 사과 한 근　육척 대어
　　 d. 这些书　　　买了点儿水果　　　　　　　　　　　　＜不定量词＞
　　　 이 책들　　　과일 좀 샀다
　　 e. 三年　　　　五日　　　　一小时　　　　　　　　　＜准量词＞
　　　 삼 년　　　　오 일　　　　한 시간
　　 f. 三碗饭　　　一杯水　　　两壶酒　　　　　　　　　＜复合量词＞
　　　 밥 세 그릇　　물 한 컵　　술 두 주전자
　　 g. 讨论了三次　　吃三顿饭　　打了场大胜仗＜专用动量词＞
　　　 세 번이나 토론했다. 세 끼를 먹었다. 큰 승리를 거두었다.
　　 h. 踢了一脚　　　打了一拳　　咬了一口　　＜借用动量词＞
　　　 발로 걸어찼다.　한 대 먹이다.　한입 베어 물었다.

　　从语言类型学的角度来看，量词又叫作分类词（classifiers，분류사）。世界上存在分类词发达的语言，也存在分类词不发达的语言。汉语、韩国语、泰语、日语等语言属于前者，英语、俄语等语言属于后者。汉语和韩国语虽然都属于分类词较为发达的语言，但两种语言的分类词还是存在差异的。第一，汉语中的数词不能直接与名词结合，中间需要添加量词。韩国语中的数冠形词、数词均可以与名词直接结合使用。如俗语"孩子都是父母的心头肉"这句话，用韩国语表示为"다섯 손가락 깨물어서 아프지 않은 손가락이 없다"。通过"다섯 손가락"可以发现，韩国语中的数冠形词"다섯"可以与名词"손가락"结合，但在汉语中"五手指"是错误的表达，数词"五"与名词"手指"中间需要添加量词"个或根"。再比如，在"학생 다섯이 책을 읽었다（五位学生读了书）"这句话中，名词"학생"与数词"다섯"可以直接搭配使用，而在汉语中，"学生五或五学生"这样的表达显然是错误的，数词与名词之间需要添加量词，改为"五位或是五名学生"才正确。第二，在汉语中，数词与量词之间还可以插入其他成分，如"我吃了两小碗米饭"；而在韩国语中，数词与单位性依存名词之间不可以插入其他成分，如"저는 밥을 두 그릇을 먹었다"。第三，从数词、量词与名词结合的顺序来看，汉语的语序为"数词+量词+名词"，但在记账或是举例时，也有数量词组放在名词之后的情况，如"书一本"；韩国语中的单位性依存名词与数词、名词结合时，其语序为"名词+数词+单位性依存名词"，这与汉语的语序完全不同。此外，当添加属格助词（관

형격 조사)时，韩国语的语序与汉语一致，如"다섯 자루의 연필（五支铅笔）"。第四，从词形变化上看，现代汉语中的量词不会发生形态变化。韩国语中的数词用在单位性依存名词前变为数冠形词时，词形一般不会改变，但是基本的数冠形词的词形则会发生改变。例如，数词"하나，둘，셋，넷，스물"在作数冠形词使用时，则会分别变为"한，두，세，네，스무"。此外，与汉语不同，韩国语中用作数冠形词的数词与单位性依存名词结合使用时，如果单位性单位性依存名词为固有词，则数冠形词按固有词的读法来读；如果单位性依存名词为汉字词，则没有固定的规律可循。例如，"운동화 두 켤레（两双运动鞋），배 열 척/배 십 척（十艘船）"等。

与分类词较发达的汉语与韩国语不同，英语中的数量表达通常会采用冠词直接结合可数名词的形式，如 an apple（一个苹果）、a book（一本书）；或借助 of 结构来修饰可数或不可数名词，如 a glass of beer（一瓶啤酒）、a bottle of water（一杯茶）、a bar of chocolate（一块巧克力）。有趣的是，如例（54）所示，在数量表达中插入修饰词时，汉语、韩国语以及英语的语序、句子结构各不相同。

(54) a. 我喝了一杯<u>好</u>茶。　　　　　　＜汉语＞
　　　b. 나는 <u>좋은</u> 차 한 잔을 마셨다.　＜韩国语＞
　　　c. I drank a <u>nice</u> cup of tea.　　　＜英语＞

二、代词

（一）代词的特征

代词（대명사）是指代人、场所、事物名称的词。根据其指代对象的不同，韩国语中的代词又可以分为人称代词和指示代词。先前的章节中曾提到，判断一个词是否是名词，要看这个词能否在"무엇이 무엇이다（什么是什么），무엇이 어찌한다（什么怎么做或怎么办），무엇이 무엇을 어찌한다（什么将什么怎么做或怎么办）"的结构中填补"무엇"。如果能够填补"무엇"，就能判定这个词是名词。在"나는 마트에서 이것을 샀어（我在超市里买了这个）"这句话中，"나"与"이것"都可以出现在"무엇"的位置上，因此理应将"나"与"이것"看作名词。代词虽然在意义上与名词存在差异，但在功能上却与名词相似，因此周时经、金枓奉等早期的语法学者都将代词归在名词的范畴之内。

但不可否认，第一，代词与名词在形态、功能等方面还是存在差异的。例如，上文例句中的代词"나"在添加主格助词"가"时，会发生形态变化，它不写成"나가"而

是"내가",而名词是不会发生这样的形态变化的。第二,根据对话双方的身份、对话场景等不同,"나"也有可能被"저"替代,同时对词尾的选用产生影响,而绝大部分名词不具有这样的功能。第三,根据对话参与者所处位置不同,远称代词"저기"也有可能被近称代词"여기"或中称代词"거기"代替,但名词不会有这样的改变。第四,代词不能像名词一样,接受冠形词的修饰。例如,在"모든 국민은 법 앞에 평등합니다(所有公民在法律面前平等)"这句话中,名词"국민"可以被冠形词"모든"修饰,但代词"우리"却不可以被"모든"修饰。此外,与名词不同,代词之后不能与叙述格助词"이다"的定语形式"인"搭配使用。

(二) 代词的种类

1. 人称代词

人称代词(인칭대명사)是指代人的一类代词。根据指示的对象不同,人称代词又可以分为第一人称代词(제1인칭 대명사)、第二人称代词(제2인칭 대명사)以及第三人称代词(제3인칭 대명사)。第一人称代词指代说话者自身,"나(我)"是第一人称代词的基本形态。当说话者认为自己与听者在职位、年龄等方面相当,或者认为听者比自己职位低、年龄小时,通常会使用第一人称代词"나"。若听者职位高于或年长于说话者,那么说话者就要使用"나"的谦语形式"저(我)"来代指自己。当说话者是两人或两人以上时,一般要用复数形态来表示。"나"的复数形态是"우리(我们)",而"나"的谦语形式"저"对应的复数形态则为"저희(我们)"。在使用"우리"与"저희"时需要注意:第一,如例(55)a所示,如果指代的对象包含听众,通常不用"저희"而使用"우리"。因为"저희"是在听者面前指代自身的谦语,因此,在包含听众的场合下是无法使用的。如例(55)b所示,当第一人称的复数说话者比听者的职位低、年龄小或者为了表达对听者的尊重,且叙述的内容不包含听者时,则可以使用"저희"。第二,在论文或议论文中,即使笔者是一个人,为了凸显所述内容的客观性,在其阐述自己的观点时也会用到"우리"一词,当然使用"나"也是可以的。第三,韩国自古以来就是以农业生产为主的国家,农业生产讲究团结协作,互帮互助,在这一过程中,韩国人形成了"我们"先于"我"的意识、集体利益高于个人利益的思想,因而在谈论自己家人或关系较为亲密的人时,会频繁使用"우리"一词,如"우리 엄마(我们妈妈), 우리 남편(我们丈夫), 우리 집(我们家), 우리 학교(我们学校), 우리 마이클 씨(我们麦克)"等。根据使用场景或语境不同,除了"우리 집"可以用"내 집"来替代之外,在其他例句中,如果用"내"替代"우리"就会显得不自然。因为,在"우리 엄마, 우리 남편, 우리 학교, 우리 마이클 씨"这几个例子中,"우리"所修饰的对象是家族或是像家族成员一样亲切的人,亦或是共同的所有物,因而使用"우리"要比

"내"更恰当。当然，根据对话场景或语境的不同，使用"저희"来替代"우리"也是可以的。

(55) a. 우리가 힘을 합하는 이상 아무것도 두려울 것이 없습니다.
我们齐心协力就没有什么可害怕的了。
b. 저희 여러분들과 의견이 비슷한 점이 많습니다.
我们与大家的想法在很多地方是一致的。

第一人称代词除了包含固有词之外，还包含一些汉字词，如"과인（寡人），짐（朕），소생（小生），우생（愚生），불초（不肖），소제（小弟），우형（愚兄），우부（愚父）"等，它们与汉语中的使用场景类似，对于中国学生来说不难理解。

第二人称代词是指听话人。"너（너희），자네，당신，댁，어른，그대，여러분"等词都属于第二人称代词。"너（你）"主要用于年轻人之间，或者年长者与年轻人对话时年长的一方使用。当听者为两人或两人以上，则用"너희（你们）"。此外，话者的年龄、职位等接近或高于听者，且话者指代的对象与听者关系较为密切时，也可以使用"너희（你们）"，如"너희 아버지（你的爸爸），너희 집（你的家），너희 나라（你们的国家）"，但是不能说"네 아버지，네 집，네 나라"。"자네"主要是年长者对自己的朋友或小辈使用，妻子的父母在称呼女婿时，已结婚的男士在称呼自己的小舅子时也可以使用。"당신"表示对对方的尊重，经常出现在诗这类文学题材中。在夫妻间的对话中，也经常会听到他们称呼对方"당신"，以此表达对彼此的尊重。此外，当情感受到伤害，双方发生争执时，也会使用"당신"来表示对对方的蔑视。在与同辈人或是比自己年龄小的人说话时，则不使用"당신"一词。"댁"作为第二人称代词，指代"您，先生"，是对职位、身份相同或是较低的听者的敬称。以前的两班贵族在下人面前称自己的家为"댁"，现在说话者使用"댁"来指称对方的家，以凸显对别人家的尊重。这里的"댁"是名词。"댁"还可以作为后缀，放在地点名词之后，表示从哪个地方嫁过来的媳妇，如"안성댁"是指"娘家在安城或是由安城嫁过来的媳妇"。当称呼年长的人时，用"어른（老人家）"。"어른（老人家）"通常被写作"어르신（老人家）"。"그대"主要出现在诗、歌词以及恋人之间的书信中，比"너"显得尊重。"여러분"主要是在正式场合，称呼众多听众时使用。此外，귀형（贵兄）和귀하（贵下）这两个汉字词也属于第二人称代词，过去多出现在书信这类文体中，表达对对方的尊敬，现在几乎退出了历史舞台【参照例（56）】。

(56) a. 너는 호랑이가 무섭지 않니?
你不害怕老虎吗?

b. 너희는 호랑이가 무섭지 않니?

你们不害怕老虎吗?

c. 자네가 여기 웬일이야?

你怎么来了?

d. 당신과 결혼한 지 벌써 이십 년이 넘었네요.

和你结婚已经超过二十年了!

e. 내가 댁한테 협조를 왜 해요?①

我为什么要协助你?

f. 우리 아이는 집에 돌아오자마자 집안 어른께 인사를 했어요.

我家孩子一回家就立即给家中的老人问安。

g. 그대를 바라볼 때면 모든 게 멈추죠.②

每当我凝视你,一切就都停止了。

h. 이 기쁨은 여기 계신 여러분과 함께 나누고자 합니다.

我想和在座的各位分享这份快乐。

第三人称代词是指除了说话者与听者以外的第三方,包含近称(근칭)、中称(중칭)、远称(원칭)。指示冠形词"이(这),그(那),저(那)"与依存名词"분(位),이(人),놈(家伙)"合成的"이분(这位),그분(那位),저분(那位)""이이(这位),그이(那位),저이(那位)"以及"이놈(这个家伙),그놈(那个家伙),저놈(那个家伙)"等都属于第三人称代词。其中"그"作为第三人称代词出现时,指代男性的"他",同时,它还可以同后缀"-녀"结合,构成"그녀"。在影视、文学作品中,"그녀"指代女性的"她"。"그"之后可以连接复数后缀"-들"构成"그들",既可指代上文提及的事物,也可指代听者想到的人。"저"作为第三人称代词出现时,几乎不单独使用,其后通常连接复数后缀"-들",构成"저들"表示第三人称复数"他们"【参照例(57)】。

(57) a. 그는 요즘 무척 인기가 있어요.

最近他非常有名。

b. 저는 이분부터 소개해 드리겠습니다.

我从这位开始向大家介绍。

---

①韩国电视剧《太阳的后裔》第一集中的台词。

②歌曲《Always》中的歌词。

c. 단 한 번도 만난 적이 없으니 나는 그들에게 할 말이 없다.

一面都没有见过，我对他们没有什么话要说。

d. 저들은 나한테 실망한 것이 분명해.

很显然那些人对我很失望。

在第三人称代词中，还有表示未知（미지）、不定（부정）、反身（재귀）之义的人称代词。当说话者不清楚对方的姓名或身份时，就会使用未知称（미지칭）。表示未知称的最典型的代词是"누구（谁）"。当话者并未指代特定的对象时，就会使用不定称（부정칭）。"아무（任何）"属于不定称。需要注意的是，表示未知含义的代词有时候也可以表示不定的含义，如在"그렇게 말하는 너는 누구냐?（说那种话的你是谁?）"这句话中，"누구"表示有人说了那样的话，但不知道是谁，因此，它是未知人称代词。而在"누구도 그 일에 대해 말하지 않는다（没有人提及这件事情）"这句话中，"누구"并不指代特定的人，而是表示所有、全部的含义，因此是不定人称代词。此外，在韩国语中，为了避免第三人称主语重复出现，往往会使用反身代词（재귀칭）。最常使用的反身代词是"자기（自己，自身）"。上文提到的第二人称代词"당신"可作为反身代词"자기（自己，自身）"的敬语形式出现。如例（58）b所示，为了凸显对"할아버지"的尊重，可以使用"당신"指代爷爷自身，但是这种用法对于韩国年轻一代已经很生疏了。与"당신"的用途相反，为了降低句中主语的身份，通常会使用反身代词"제"。"제"作为反身代词的单数形态经常出现在俗语中，如"의사가 제 병 못 고친다（医者不能自医）""중이 제 머리를 못 깎는다（和尚难剃自己的头）"等。例（58）d中的"저희들"是"저희"的复数形式，它可以作反身代词使用，只是使用范围不如例（58）a中的"자기"广泛。

(58) a. 수미는 자기 여동생을 너무 사랑한다.

秀美非常喜欢自己的妹妹。

b. 할아버지께서는 생전에 당신의 장서를 소중히 다루셨다.

爷爷生前特别珍爱自己的藏书。

c. 고슴도치도 제 새끼는 귀여워한다.

刺猬也疼爱自己的孩子。

d. 애들이 어려서 저희들밖에 모른다.

孩子们因为太小，只知道他们自己。

我们在学习英语的过程中，经常会接触到"反身代词"这一用语。英语中的反身代词不仅起着复指作用，还可以发挥强调作用。在Jim blamed himself for the accident这句话

中，当主语与宾语指代同一个人或事物时，就会用到反身代词。这里的himself复指Jim。但在Jim wrote the report himself这句话中，himself并非复指主语Jim，而是强调写报告的这件事没有他人帮忙，是吉姆一人独立完成的。韩国语中的反身代词与英语中的反身代词在用法上有一些不同。第一，在韩国语中，需考虑对主语尊敬的程度后，选择适当的反身代词，而在英语中则无需考虑这些，英语中的反身代词较为固定。例如，在"아버님께서는 당신/자신의 분재를 소중히 여기신다（父亲很珍爱自己的盆栽）"这句话中，反身代词可以选用"당신/자신"凸显对父亲的尊重，如果用"자기"则会显得不自然。因为从尊重的程度来说，"자기"明显轻于"자신/당신"。第二，从"내가 나를 제일 잘 알아（我最了解我自己）"以及"네가 너를 소중하게 여기는 것이 무엇보다 중요하다（珍爱你自己比任何事情都重要）"这两个例句中可以知晓，在韩国语中，第一人称或第二人称作主语时，一般不使用反身代词。第三，韩国语中的反身代词也可以用作普通代词，如在"제가 혼자 밥을 먹어요（我独自吃饭吧）"这句话中，"제"是第一人称代词，在句中作主语。而在英语中，反身代词既不可以作人称代词使用，也不可能在句中作主语。第四，韩国语中较为典型的反身代词"자기，자신"在句中可以作名词使用，如"모든 문제는 자신/자기에게서 나온다（所有问题都来自于你自身）"。第五，韩国语中的反身代词也可以表示强调之义，但与英语不同的是，英语中无论是复指还是强调，反身代词的形态都不会改变，但是韩国语中运用反身代词表示强调时，不使用反身代词"자기"，通常会用到"자신"，有时也会使用"스스로"①。例如，"그 일은 철수 자신이 잘 해결할 수 있어（那件事情哲秀自己能够解决好）""그 일은 네 스스로 잘 해결할 수 있어（那件事情你自己能够解决好）"。最后，在英语的复合句中，从句在复指主句中的主语时，不使用反身代词而是使用人称代词。如在John said that he stole the book（约翰说他自己偷了书）"这句话中，从句在复指主句的主语John时，使用对应的人称代词即可，不使用反身代词himself。而在"존은 자기가 책을 훔쳤다고 말했다（约翰说他自己偷了书）"这句话中，从句复指主句的主语"존"时，如果用人称代词"그"，会使整个句子不自然，这里使用反身代词"자기"更为恰当。综上所述，在英语中，无论是从形态上还是用法上，人称代词与反身代词都存在差异，但在韩国语中，反身代词与人称代词的界限却较为模糊，即反身代词有时可以用作人称代词，有时使用反身代词要比使用人称代词更恰当。从语言类型学的角度看，世界上存在反身代词发达的语言，也存在反身代词不发达的语言。欧洲的大部分语言，如德语、法语、俄语等属于前者，而韩国语、英语、汉语等属于后者。

---

① "자신"与"스스로"在韩国语语法中分别作名词和副词，但它们常被当作反身代词使用，如"영희는 자신을 후려친다（英熙贬低她自己）""영희는 스스로를 후려친다（英熙贬低她自己）"。

2. 指示代词

指示代词是指代事物、场所的词。指示代词和"이, 그, 저"系列的人称代词类似，根据指示对象的不同，可以分为指示事物的事物代词（사물대명사）、指示场所的处所代词（처소대명사）。根据指示对象与说话者、听者距离的远近又可以分为近称、中称以及远称等。其中"이것（这个），여기（这里）"为近称，"그것（那个），거기（那里）"为中称，"저것（那个），저기（那里）"为远称。指示代词中存在着未知称与不定称两类，其中，"무엇（什么），어느것（哪一个），어디（哪里）"属于未知称，"아무것（任意一个），아무데（任何地方）"属于不定称。但须注意，"무엇, 어디"既可以表示"未知"，也可以表示"不定"。例如，在"무엇을 하고 있어요（你在做什么）?"这句话中，"무엇"表示未知，即说话者不清楚对方在做什么事情，所以才询问对方，但在"무엇이라도 좋으니까 좀 줘 봐（什么都可以，给我吧）"这句话中，"무엇"并不指代特定的事物，因此它是不定称【参照例（59）】。

(59) a. <u>이것</u>은 내 피아노예요.
　　　这是我的钢琴。
　　b. 책을 다 읽으시면 <u>거기</u>에 두십시오.
　　　书读完后请放到那边。
　　c. 수미 씨는 <u>무엇</u>을 좋아해?
　　　秀美喜欢什么？
　　d. 나는 <u>어디</u>서 와서 <u>어디</u>로 가는가?
　　　我来自哪里，去向何方？
　　e. 침대 밑에 <u>아무것</u>도 없어요.
　　　床下面什么也没有。

韩国语中人称代词与指示代词的详细类别如表5-1所示。

表5-1　韩国语中代词的分类

种类		举例		
人称代词	第一人称	저, 저희, 나, 우리		
	第二人称	너, 너희, 자네, 자기, 당신, 댁, 그대, 여러분, 제군		
	第三人称	近称	中称	远称
		이이, 이분, 이놈	그, 그이, 그분, 그놈	저이, 저분, 저놈
	未知称	누구, 어느		

续表

种类		举例		
人称代词	不定称	아무, 아무개		
	재归称	자기, 당신, 제, 저희		
指示代词		近称	中称	远称
	指代事物	이, 이것	그, 그것	저, 저것
	指代场所	여기	거기	저기
	未知称	무엇, 어디, 어느것		
	不定称	아무, 아무것, 아무데		

三、数词

（一）数词的特征

数词是指代人或事物的数量以及顺序的词。数词与代词的功能相似，可以指代一定的对象，在句中作宾语，如"철수는 사과 하나를 사 왔습니다（哲秀买回来一个苹果）"。基于此，李熙昇等语法学家将数词纳入代词的范畴中。如前所述，无论是人称代词还是指示代词，即使指示的对象相同，但因对话场景的不同，代词的使用也会发生变化。例如，同样是指代"딸기（草莓）"，当"草莓"所在的位置离话者近时，那么说话者会用"이것"来指代；如果"草莓"离听者近，那么，说话者就会用"그것"来代替；如果"草莓"离说话者和听者都远，那么说话者则会使用远称"저것"。而在"딸기 하나"中，数词"하나"只表明草莓的数量，这一数量并不会随着话者与草莓之前距离的远近而发生改变。基于此，将数词纳入代词的范畴显然是不恰当的。

在"무엇이 무엇이다（什么是什么），무엇이 어찌한다（什么怎么做或怎么办），무엇이 무엇을 어찌한다（什么将什么怎么做或怎么办）"这一检验一个词是否为名词的句式中，数词可以出现在"무엇"的位置上，因此，以周时经（1910）、金枓奉（1916）为代表的早期的语法学家也曾将数词归于名词范畴。虽然在功能与形态上，数词与代词、名词之前的差异不太明显，但并不意味着这三者完全相同。首先，如例（60）a所示，数词"하나"指代的对象是杯子的数量，而代词"나"所指代的对象并不明确。其次，如例（60）b所示，名词"컵"以及代词"나"之后，如果不添加助词也不会改变其在句子中所充当的成分，而数词"하나"之后如不添加助词，则会使其具有副词的特性。最后，从形态上看，数词中存在特指人的数量的人数词（인수사），如例（60）c中的"둘이"特指"우리"的数量，它通常与主格助词"서"相结合，这是名词与代词所不具有的特征。此外，数词无法与表示复数含义的后缀"-들"搭配使用。

（60）a. 나는 컵 하나를 가져왔다.

　　　我拿过来一个杯子。

　　　b. 나 컵 하나 가져왔다.

　　　我拿过来一个杯子。

　　　c. 우리 둘이서 함께 이 어려움을 이겨냅시다!

　　　我们俩一起战胜这个困难吧!

（二）数词的种类

韩国语中的数词大体分为基数词（양수사）与序数词（서수사）。其中，基数词又包括固有词与汉字词两种体系。

1. 基数词

基数词（양수사）是表示人或事物数量的数词。根据其来源不同，韩国语中的基数词又可被分为固有词和汉字词。例（61）a与例（61）b中的数词都属于固有词的范畴，例（61）a中的数词所指代的数量较为具体、精确，称为定数（정수）；例（61）b中的数词所指代的数量较为含糊，称为不定数（부정수）。在韩国语的基数词中，1到99都可以用固有词来表示。当数量达到或超过100时，则会使用汉字词百、千、万、亿、兆等进行补充。须注意，例（61）b中的定数与定数结合形成不定数时，并非单纯的合并，在这一过程中，定数的形态与发音会发生改变。与例（61）a、b中限定物品或事物数量的物数词（물수사）不同，例（61）c主要是限定人的数量的人数词（인수사）。例（61）d是基数词中的汉字词，汉字词可以表示从零到兆的所有的数字，因而相对于固有词系统，汉字基数词的体系更为完备。

（61）a. 하나, 둘, 셋, 넷, 다섯, 여섯, 일곱, 여덟, 아홉, 열, 스물, 서른…

　　　b. 한둘, 두셋, 서넛, 두서넛, 너덧, 댓, 너더댓, 대여섯, 예닐곱, 일여덟, 여럿, 몇…

　　　c. 혼자, 둘이, 셋이, 넷이, 여럿이, 몇이…

　　　d. 영(공), 일, 이, 삼, 사, 오, 육, 칠, 팔, 구, 십, 이십, 삼십, 사십, 오십, 육십, 칠십, 팔십, 구십, 백, 천, 만, 억, 조…

2. 序数词

表示人或事物顺序的数词称为序数词，包含固有词以及汉字词体系。与基数词的构成不同，固有词系统内的序数词主要由数冠形词"첫, 둘, 셋…"和表示"顺序"的后

缀 "-째" 结合而成。例（62）a、b为序数词中的固有词系统。例（62）a属于序数词中的定数，例（62）b为序数词中的不定数。定数的构词方式存在特殊性。通过观察例（62）a中的"열한째（第十一）"，可以推断"第一"为"한째"，但实际其正确表达为"첫째"。这里使用"첫"与"첫음（首次）"一词有关。像"첫째"这样，采用特殊形态的语基（어기）的现象叫作补充法（보충법，suppletion）。再比如，例（61）c中的人数词"혼자"，其构词方式与"둘이，셋이..."等词显然不同，因此"혼자"也属于依据补充法构成的词。这里需要注意的是，例（62）b中的不定数"한두째"并未采用补充法形成"첫두째"，而是采用规则语基，构成"한두째"。英语中的序数词也存在此类现象，first、second、third与依靠规则语基构成的forth、fifth等，在构词方面就存在很大的差异。例（62）c是序数词中的汉字词。它们是由表示顺序的前缀"제-"加上基数词中的汉字词"일，이，삼，사，오"构成的。在汉字词系统中，绝大多数的序数词为定数词，但也存在诸如"제이삼（第二三）"等少数的不定数词。

(62) a. 첫째, 둘째, 셋째, 넷째, 다섯째...열째, 열한째, 열두째, 열세째, 스무째...

b. 한두째, 두어째, 두세째, 두서너째, 서너째, 댓째, 여남은째...몇째

c. 제일, 제이, 제삼, 제사, 제오...

根据用法上的不同，汉字词系统的数词与固有词系统的数词有时不可混用，有时又可以替换使用，这使得数词的正确读法成为困扰韩国语初级学习者甚至高级学习者的难题。在日常生活中计算物品数量时，通常使用固有词"하나，둘，셋..."。当数到100以上时，由于没有相对应的固有词，因而只能用汉字词"백，천，만..."等来替代。在计算数学问题时，通常使用汉字词。例如，加法公式"5+3=8"读作"오 더하기 삼은 팔입니다"而不读作"다섯 더하기 셋은 여덟입니다"。当有人询问他人年龄时，如果是30岁，有时会听到"서른"，有时也会听到"삼십"这样的回答。需要注意的是，当单位性依存名词"살（岁）"出现时，位于其前的数冠形词要选用固有词，而当使用单位性依存名词"세（岁）"时，其前出现的数冠形词要选用汉字词，如"스무 살（二十岁）"与"이십 세（二十岁）"。

在"名词+数冠形词+单位性依存名词"的结构中，如果单位性依存名词为固有词，那么，在选用数冠形词时，通常会与其保持一致，但也有例外存在。如果单位性依存名词为汉字词，则数冠形词的选用会变得复杂。例（63）a中的单位性依存名词都是固有词，因此数冠形词的选用与单位性依存名词的选用一致。例（63）b中的单位性依存名词虽然都是汉字词，但位于其前的数冠形词却选用了固有词。例（63）c表明，属于汉字词的部分单位性依存名词其前的数冠形词既可以使用固有词，也可以使用汉字词。当

使用外国货币单位时，数冠形词采用汉字词，如"일 달러（1美元），이십 센트（20美分）"。但像现在很少使用的货币单位"푼"，还依然选择与固有词系列的数冠形词搭配使用，如"한 푼（1分），두 푼（2分）"。通过观察例（63）d—f可知，位于货币单位、时间单位（年、月、日、分、秒）以及长度或距离等单位之前的数冠形词，都采用汉字词。需要注意的是，当数字"육（6），십（10）"位于单位性依存名词"월（月）"前时，其读音会发生变化，读作"육월[유월]，십월[시월]"。与分和秒不同，如例（63）g、h所示，同样为时间单位的"시（时），시간（小时）"，其前的数冠形词虽然采用固有词，但在以24小时为基准的列车、公交车、飞机航班时刻表中，当数字超过20时，也可以选用汉字词系列的数冠形词来标记，如"23시 15분[이십삼시 십오분]，24시간（이십사 시간）"。

(63) a. 고양이 한 마리, 바지저고리 두 벌, 양말 세 켤레, 꽃 네 송이
　　 b. 우유 한 병, 사과 네 개, 책 한 권, 주스 세 잔
　　 c. 친구 5명[다섯 명, 오 명], 땅 10평[열 평, 십 평]
　　 d. 1500원[천 오백 원]
　　 e. 1963년12월25일[천구백육십삼년 십이월 이십오일]
　　　 30분3초[삼십분 삼초]
　　　 12개월[십이개월]
　　　 21세기60년대[이십일세기 육십년대]
　　 f. 10리[십 리], 1미터[일 미터], 5킬러미터[오 킬러미터]
　　 g. 한 시, 두 시, 열 시, 열한 시
　　 h. 1시간 [한 시간], 3 시간[세 시간]

　　本章主要探讨了体词。所谓"体"是指"主干"，构成句子中心部分的词被称为"体词"。体词又分为名词、代词、数词。韩国语中的名词、代词、数词的词形基本上是固定的，不能活用。名词、代词、数词是句子的主干成分，它们与助词结合，通过助词来标明它们与句中其他词之间的语法关系。除了作主语之外，它们还可以作宾语、补语、状语等。同时，名词、代词、数词可以接受定语的修饰。正是基于名词、代词、数词在功能、形态上的相似性，因此将它们统一归于体词，但因在意义上具有差别（名词：命名对象；代词：指示对象；数词：表达数量），它们又分别被赋予了不同的词性。

第六章
谓词与活用

一、谓词

在句中作谓语，用来对主语进行说明的词称为谓词（용언）。谓词又可以分为动词与形容词。动词是描述动作或事物变化过程的一类词。形容词是描述事物性质、状态的一类词。本章将对韩国语的动词与形容词的特征、种类、活用、词尾等内容进行详细介绍。

（一）动词的特征与种类

如前所述，动词是对动作或事物变化过程进行说明的一类词。例（64）a中的"들었다"与例（64）b中的"솟는다"，按照过去、现在的时间顺序，分别对主语"철수"的动作、"해"的变化过程进行了描述。例（64）c与例（64）d中的"독서"与"일출"虽也有"移动、变化"之义，但它们是移动、变化的对象，并未能体现移动、变化的过程，因而不是动词。

(64) a. 철수는 음악을 <u>들었다</u>.
哲秀听了音乐。
b. 동쪽에서 해가 <u>솟는다</u>.
太阳从东边升起。
c. <u>독서</u>는 책을 읽는다는 뜻이다.
读书是阅读书籍的意思。
d. <u>일출</u>은 해가 솟는다는 뜻이다.
日出是太阳升起的意思。

动词的特殊性不仅体现在其意义上，也体现在其功能上。判断一个词是否是动词，

可以将其套入鉴定动词的公式"무엇이 어찌한다（什么怎么做）"或是"무엇이 무엇을 어찌한다（什么将什么怎么办或怎么做）"之中，通过它是否可以填补"어찌한다"来辨别。例（64）a中的"듣다"与例（64）b的"솟다"完全能够套入"어찌한다"之中，因此从功能上来判断，"듣다"与"솟다"均为动词。

参考例（65）可以总结出动词主要有以下特征。第一，动词在句中主要充当谓语，也可以通过词干后添加转成词尾（전성어미）充当主语、定语、宾语等句子成分。第二，如前面章节所讲，动词的词干部分属于依存词素，无法单独存在，其后必须添加词尾使用。第三，动词可以接受状语的修饰。第四，与形容词不同，除了"녹다，식다，맞다"等表示自然属性或状态变化的动词之外，绝大部分动词都能够用于命令句和共动句这两类句型中。

(65) a. 철수가 집을 지었습니다. <谓语>
哲秀建了房子。
b. 이 소설들은 고등학교에서 곡 읽어야 할 소설들입니다. <定语>
这些小说是上高中时必读的小说。
c. 말하기가 쉬워. <主语> <谓语>
说起来容易。
d. 나는 그의 키가 너보다 작음을 이제야 알았다. <宾语>
我现在才知道他的个子比你矮。
e. 우리는 방금 학교에서 돌아왔다. <状语>
我们刚从学校回来。
f. 꾸물거리지 말고 빨리 뛰어라. <命令句>
别磨蹭，快点跑吧。
g. 우리 함께 노래합시다. <共动句>
我们一起唱歌吧。

依据不同的分类标准，动词可以划分为多种类型[①]，如依据动词前是否接宾语，可以将动词分为他动词（타동사）与自动词（자동사）等。

1. 他动词与自动词

他动词相当于英语中的及物动词，自动词相当于英语中的非及物动词。上文例句

---

① 王丹依据"是否要求有宾语、是否具有能动性、是否具有自觉性、是否具有独立性"这4大标准，对韩国语的动词进行了分类。具体内容请参照：王丹.大学韩国语语法[M].北京：北京大学出版社，2012：60.

(64) a中的"듣다"不仅对主语"철수"的动作进行了描述，而且还要求有宾语"음악"与其对应。因为"듣다"可以带宾语，所以属于他动词。例（64）b中的"솟다"只是对句中主语"해"的移动、变化进行了描述，动作不涉及其他对象。由于"솟다"不能够带宾语，所以是自动词。

在韩国语中，自动词包含原本就是自动词的词以及由他动词变来的自动词这两类。例如（66）a中的词原本就是自动词。而（66）b中的词是由他动词"쫒다,들다,놀다,보다"分别结合被动形式的后缀形成的自动词。在韩国语中，他动词也包含两种。一种是如（66）c一样，原本就是他动词的词。另一种是由自动词或他动词添加表示使动含义的后缀构成的他动词。例如（66）d中的词均为他动词，它们是由自动词"남다,웃다,눕다,앉다"分别附着使动形式的后缀构成的。而（66）e中的他动词，是由他动词"먹다,맡다,읽다,지다"分别附着使动形式的后缀形成的。

(66) a.서다　　　　앉다　　　엊다　　　눕다
　　　站，立　　　坐　　　 搁，放　　躺
　　　b.쫒기다　　　들리다　　놀리다　　보이다
　　　被追赶　　　听见　　　作弄　　　呈现，显现
　　　c.보다　　　　자다　　　읽다　　　쓰다
　　　看；看到　　睡觉　　　念，看　　写
　　　d.남기다　　　웃기다　　눕히다　　앉히다
　　　留，留下　　逗笑，搞笑　使躺下　　使坐下
　　　e.먹이다　　　맡기다　　　　읽히다　　　지우다
　　　喂，喂养；行贿　让……保管　让……阅读　使背负

动词中还存在兼具自动词与他动词特征与功能的动词，这样的动词称为能格动词（능격동사）、中立动词（중립동사）或自他两用动词（자타 양용 동사）。例如，在"차가 멈추었다（车停了）"这句话中，"멈추다"为自动词，但在"아빠가 차를 멈추었다（爸爸停下了车）"这句话中，"멈추다"为他动词。除"멈추다"以外，"그치다, 다치다，울리다"等动词都属于能格动词。

2.动词的其他种类

按照形态，可以将动词分为规则动词（규칙동사）与不规则动词（불규칙동사）；按照功能差异，即动词是否具有完整的意义，在句中能否单独充当句子成分，可以将动词分为本动词（본동사）和辅助动词（보조동사）；根据其所表现的动作是能动还是被动，可以将动词分为能动词（능동사）与被动词（피동사）；根据动作是主语主动发出，

还是主语让某一对象发出,可以将其分为主动词(주동사)与使动词(사동사)。本节简要介绍一下使动词与被动词。

动作主体使他人做某种动作叫作使动,具有使动意义的动词被称为使动词。它们由"谓词词根+使动词缀"构成,是与表示主动意义的主动词相对应的概念。韩国语中的使动词缀主要有"-이-,-히-,-리-,-기-,-우-,-구-,-추-"。这些词缀添加在部分自动词、他动词以及形容词词根之后,使它们变为使动词。使动词的主要代表词汇如表6-1所示。

表6-1 韩国语中的使动词

・自动词变为使动词的情况
(1) -이- : 죽다→죽이다, 속다→속이다, 녹다→녹이다, 끓다→끓이다
(2) -히- : 익다→익히다, 앉다→앉히다, 눕다→눕히다
(3) -리- : 얼다→얼리다, 살다→살리다, 돌다→돌리다, 날다→날리다, 울다→울리다
(4) -기- : 남다→남기다, 숨다→숨기다, 넘다→넘기다, 웃다→웃기다
(5) -우- : 깨다→깨우다, 비다→비우다

・他动词变为使动词的情况
(1) -이- : 먹다→먹이다, 보다→보이다
(2) -히- : 읽다→읽히다, 입다→입히다, 업다→업히다, 잡다→잡히다
(3) -리- : 알다→알리다, 물다→물리다
(4) -기- : 감다→감기다, 벗다→벗기다, 맡다→맡기다, 안다→안기다, 뜯다→뜯기다
(5) -우- : 깨다→깨우다, 찌다→찌우다, 지다→지우다

・形容词变为使动词的情况
(1) -이- : 높다→높이다
(2) -히- : 넓다→넓히다, 좁다→좁히다, 밝다→밝히다
(3) -구- : 달다→달구다
(4) -추- : 낮다→낮추다, 늦다→늦추다

动作主体受到他人影响进行某种动作或行为叫作被动,具有被动意义的动词被称为被动词。它们由"谓词词根+被动词缀"构成,是与表示能动意义的能动词相对应的概念。韩国语中的被动词缀主要有"-이-,-히-,-리-,-기-"。这些词缀添加在部分他动词词根之后,使它们变为被动词。被动词的主要代表词汇如表6-2所示。

表6-2 韩国语中的被动词

他动词变为被动词的情况
(1) -이- : 놓다→놓이다, 보다→보이다, 쓰다→쓰이다, 쌓다→쌓이다
(2) -히- : 먹다→먹히다, 잡다→잡히다, 얹다→얹히다, 파다→파이다
(3) -리- : 누르다→눌리다, 듣다→들리다, 밀다→밀리다, 풀다→풀리다
(4) -기- : 찢다→찢기다, 안다→안기다, 감다→감기다, 끊다→끊기다

（二）形容词的特征与种类

形容词是描述事物性质或状态的一类词。需要注意的是，含有性质或状态之义的词并非都是形容词。例（67）a中的"달다"对句子主语"케이크"的属性进行了描述。例（67）b中的"아팠다"描绘了说话者昨天的心理状态。例（67）c中的"어려움"与例（67）d中的"쾌락"虽然含有状态或属性之义，但由于它们是动词"겪다"与"누리다"的对象，并不具有描述主语属性或状态的功能，因而不是形容词。

(67) a. 케이크는 맛이 달다.
　　　蛋糕的味道甜。
　　b. 어제 마음이 아팠다.
　　　昨日心情悲伤。
　　c. 누구든지 어려움을 겪을 것이다.
　　　不管是谁都会经历困难。
　　d. 쾌락을 누리세요.
　　　请享受快乐。

形容词的特殊性，不仅体现在含义上，也体现在功能上。判断一个词是否是形容词，可以将其套入鉴定形容词的公式"무엇이 어떠하다（什么怎么样）"中，通过这个词是否可以填补"어떠하다"来辨别。例如，例（67）a中的"달다"与例（67）b中的"아프다"完全能够出现在"어떠하다"的位置上，因此从功能上来看，"달다"与"아프다"是形容词。

韩国语中的形容词与动词的语法特征较为相似。第一，形容词也有基本形、形态变化，形容词和动词一样，可以在句中单独作谓语。第二，韩国语中的形容词也可以通过词干后添加转成词尾，充当主语、宾语等句子成分。第三，形容词的词干也属于依存词素，无法单独存在，其后必须添加词尾使用。第四，形容词也可以接受副词的修饰。正是基于动词与形容词的相似性，以及它们在句中主要充当谓语成分，因而可将它们归为谓词这一集合。

当然，韩国语中的动词与形容词之间也存在一些差异。例如，第一，表示现在时的终结词尾"-ㄴ다/-는다"只能接在动词词干之后，而形容词在表示相同时态时，则使用原形。第二，动词词干后可以添加命令形终结词尾"-아라/어라"以及共动形终结词尾"-자"；而形容词中，除了"건강하다（健康）, 행복하다（幸福）, 조용하다（安静）, 신중하다（慎重）, 충실하다（充实）, 침착하다（沉着）"等个别形容词之外，其词干后通常不能添加命令形、共动形终结词尾。第三，动词词干后可以添加

"-고 있다，-아/어 있다"等句式，但形容词的词干却不能与这些句式连用。第四，形容词不可与表示目的的词尾"-(으)러"以及表示意图的词尾"-(으)려"搭配使用。最后，动词和形容词在修饰名词时，所使用的冠形词形词尾也不同。通过"작은 책상（矮的书桌）"与"과일을 담는 쟁반（盛水果的盘子）"这两个例子可以看出，形容词"작다"与动词"담다"修饰名词时的活用形态完全不同。

韩国语中的形容词与动词在形态、功能上有很多相似性，但英语中的动词与形容词在形态、功能上却完全不同。例如，英语中的动词随着主语人称、数量、时态等的不同会发生形态变化，而形容词不会发生此种改变。另外，英语中的动词能够单独在句中作谓语，而形容词需要依靠be这类系动词，才能作谓语。一部分教材将韩国语中的动词等同于英语中的动态动词（동작동사），韩国语中的形容词等同于英语中的静态动词（상태동사），但这样的表述是不严谨的。因为韩国语的形容词的范围小于英语中的静态动词的范围。例如，英语中表示各种关系的静态动词contain、cost，表示感觉、知觉的静态动词feel、taste、hear，表示心理状态的静态动词think、believe、forget等，在韩国语中主要用动词来表示。

1.性状形容词

对对象的属性或状态进行描述的形容词就是性状形容词（성상 형용사）。依据性状形容词所描述的主语的类型，可以将其进行细分。第一类是感官形容词。例（68）a中的形容词属于这一类。"파랗다"是视觉上的感官形容词；"시다"是味觉上的感官形容词；"조용하다"是听觉上的感官形容词；"미끄럽다"是触觉上的感官形容词；"느리다，낮다，가깝다"则是表示时间或空间上的感官形容词。第二类是表示说话者对某一对象进行评价的形容词【参照例（68）b】。第三类是表示比较的形容词【参照例（68）c】。第四类是表示"存在与否"的形容词【参照例（68）d】。第五类是表示受心理或物理因素影响，而使说话者的心理状态发生改变的形容词【参照例（68）e】，这类形容词通常被叫作心理形容词（심리 형용사）、感觉形容词（느낌 형용사）或主观性形容词（주관성 형용사）。与此相对应，例（68）a—d中的形容词通常被称为客观性形容词（객관성 형용사）。需要注意，在陈述句中，心理形容词的主语要求为第一人称。此外，例（68）e中的形容词可以通过添加"아/어 하다"变为动词，但也要因情况而定，有时可变，有时则不可变。举例来说，"나는 철수가 좋다（我喜欢哲秀）"中的形容词"좋다"，变为"좋아하다"，构成新句"나는 철수를 좋아하다（我喜欢哲秀）"，无论从句义或是语法上均正确。但在"날씨가 참 좋네요（天气真好啊）！"这句话中，"좋다"就不能变为"좋아하다"，因为"날씨를 참 좋아하다"从句子结构上看不符合语法规则。

(68) a. 파랗다　시다　조용하다　미끄럽다　느리다　낮다　가깝다
　　　　蓝　　酸　　安静　　　滑　　　　慢　　低　　近
　　b. 예쁘다　착하다　똑똑하다
　　　　漂亮　　乖巧　　聪明
　　c. 같다　다르다　비슷하다
　　　　一样　不同　　相似
　　d. 있다　없다　계시다
　　　　在　　不在　在（"있다"的敬语形式）
　　e. 좋다　싫다　기쁘다　밉다
　　　　好　　讨厌　开心　　讨厌

2. 指示形容词

与例（68）中描述人或事物性质或状态的性状形容词不同，韩国语中还存在一类指代前面提及事物的性质或状态的形容词，这类形容词被称为指示形容词（지시 형용사）。例（69）a中的形容词分别为近称、中称和远称。例（69）b中的形容词表示"未知或不确定"。指示形容词可以和性状形容词进行连用，但需要注意，在语序上，指示形容词要先于性状形容词。例如，在"그렇게 어려운 일은 겪어본 적이 없다（从未经历过这么难的事儿）"这句话中，"그렇게"是"그렇다"的连接形式（연결형），它放在性状形容词"어렵다"的冠形词形"어려운"前面。

(69) a. 이러하다　　그러하다　　저러하다（이렇다, 그렇다, 저렇다）
　　　　这样　　　　那样　　　　那样
　　b. 어떠하다　　아무러하다（어떻다, 아무렇다）
　　　　什么样；怎么样　怎么样；如何

二、辅助谓词

谓词中绝大部分的动词和形容词都具有自立性，它们可以在句中独立充当谓语成分。但是也有一部分动词或形容词缺乏独立性。例如，从语义上看，例（70）a中的"가다"在句中表示一个过程，即事情还没做完，但快要完成的一种状态。例（70）b中的"싶다"包含"希望或渴望"之义。两个词虽含有一定的实际意义，却没有例（70）c中的"가다"和例（70）d中的"예쁘다"的词汇含义清晰明了。另外，例（70）a中的"가다"与例（70）b中的"싶다"，均不能在句中独立充当句子成分。如果将例

(70) a中的动词"끝나다"和例（70）b中的动词"보다"去掉的话，两个例句均无法成立，因而例（70）a中的"가다"与例（70）b中的"싶다"并非独立的谓词。

(70) a. 일이 거의 끝나 <u>간다</u>.
事情几乎做完了。
b. 할아버지가 손자를 보고 <u>싶다</u>.
爷爷想孙子。
c. 철수는 학교에 <u>간다</u>.
哲秀去学校。
d. 공원에 있는 꽃이 엄청 <u>예쁘다</u>.
公园里的花分外美丽。

像例（70）a中的"가다"与例（70）b中的"싶다"一样，在句中无法独立充当句子成分，必须与其他动词结合，才能构成句子成分的谓词，称为"辅助谓词（보조용언）"。其中，例（70）a中的"가다"属于"辅助动词（보조동사）"，例（70）b中的"싶다"属于"辅助形容词（보조형용사）"。与辅助动词或辅助形容词一起构成句子成分的谓词称为"本谓词（본용언）"。

韩国语中的辅助谓词具有以下特征。第一，辅助谓词绝大部分由独立的谓词转变而来。第二，当独立谓词用作辅助谓词时，其原有的词汇含义丧失或削弱，只起到添加某种含义或是语气的作用。第三，辅助谓词只能与其前独立的谓词一起构成句子成分。第四，辅助谓词不可以与独立谓词直接结合，中间需要借助"-아/-어/-여，-게，-고"等连接词尾实现连接。

另外，辅助谓词与依存名词存在相似性。首先，从含义上看，比起词汇含义，二者的语法含义更加突出。其次，二者都无法独立存在于句中充当句子成分。基于二者的相似性，辅助谓词与依存名词称为"준자립형식（准自立形式）"。

（一）辅助动词

辅助动词种类繁多，有些辅助动词从形态上看与本动词（본동사）很难区分。为了能更好地分辨辅助动词与本动词，通常采用将该词放在句中，分析该句子是否成立的方法来进行判断。例（71）a与例（72）a是本动词与辅助动词同时出现在句中的例子。例（71）b、c与例（72）b、c分别将例（71）a与例（72）a拆分成仅含有本动词的句子以及仅含有辅助动词的句子。观察例（71）b、c与例（72）b、c可知，例（71）b中的形容词"덥다"与例（72）b中的动词"적다"在句子中充当谓语成分，即使没有辅助动词的帮助，两个句子依然成立，并且在语义上分别与例（71）a与例（72）a的差异甚

小。相反，例（71）c中的"오다"与例（72）c的"두다"，虽然从形态上看与本动词并无差异，但是它们离开了本动词就无法独立存在于句中，构成完整的句义，因此例（71）c中的"오다"与例（72）c中的"두다"属于辅助动词。

(71) a. 날씨가 점점 더워 온다.
　　　天气逐渐炎热。（强调过程）
　　b. 날씨가 점점 덥다.
　　　天气逐渐炎热。
　　*c. 날씨가 점점 온다.[①]

(72) a. 철수는 강의를 들을 때 요점을 즉시 적어 둔다.
　　　哲秀听课的时候会及时把要点写下来。（突出"写"这一过程）
　　b. 철수는 강의를 들을 때 요점을 즉시 적는다.
　　　哲秀听课的时候会及时把要点写下来。
　　*c. 철수는 강의를 들을 때 요점을 즉시 둔다.

有些动词兼有辅助动词与本动词的功能。例如，例（73）a中的本动词"꽂다"表示"插入"。辅助动词"두다"表示"动作结束后依然持续某种状态"，此句暗含书并非随便放入书架中，而是把它放在书架某个位置且固定不动。含有本动词"꽂다"的例（73）b仅表示"把书插入了书架中"，而含有动词"두다"的例（73）c仅表示"把书放在了书架上"。由于"두다"在句中既可以作本动词，又可以作辅助动词，因此例（73）c是符合语法规则的正确句子。只是无论例（73）b还是例（73）c，它们与例（73）a所表达的含义并不完全相同。

(73) a. 철수는 책을 서가에 꽂아 두었다.
　　　哲秀把书插放在了书架上。
　　b. 철수는 책을 서가에 꽂았다.
　　　哲秀把书插在书架上。
　　c. 철수는 책을 서가에 두었다.
　　　哲秀把书（随便）放在书架上。

[①] 例（71）c与例（72）c中的"*"表示此句话为病句。

韩国语中的辅助动词不能与本动词直接结合，通常会在二者中间添加连接词尾。例如，"오다，가다，주다"等辅助动词，只有在其前的本动词词干后添加连接词尾"-아/-어/-여"之后，才会具备辅助动词的功能。"여동생이 책을 가져 왔다（妹妹拿着书过来了）"就是依靠连接词尾"-어"实现了本动词"가지다"与辅助动词"오다"的结合。如果辅助动词"오다，가다，주다"等前的本动词词干后，添加表示前后两件事情相继发生的连接词尾"-고（서）"，则会发生两个本动词并列存在于句中的现象。例如，在"여동생이 책을 가지고 왔다（妹妹拿了书后过来了）"这句话中，"가지다"与"오다"并非本动词与辅助动词的结合，而是两个词汇意义清晰、按照动作发生的先后顺序连接在一起的动词。这句话也可以被分解为"여동생이 책을 가졌다（妹妹拿着书）"与"여동생이 왔다（妹妹来了）"两个句子。

辅助动词的词汇含义虽然不太清晰，但其含义与其充当本动词出现时的含义具有一定的关联性。如表6-3所示，依照词义，可以将韩国语中的辅助动词分为12类。表中1-10是辅助动词以辅助形连接词尾（보조적 연결어미）"-어，-고，-게，-지"等为媒介，与本动词结合的例子。除了"아니하다，대다"以外，韩国语中的大部分辅助动词与它们作本动词时所表达的含义具有一定的关联性。另外，1④中的"계시다"与1③中的"있다"都属于辅助动词，只不过"계시다"是"있다"的敬语形式。同样3②中的"드리다"是3①中"주다"的敬语形式。2④与8②中都出现了"말다"，但这两个"말다"出现的环境与意义各不相同。2④中的"말다"位于连接词尾"-고야"之后表示终结。8②中的"말다"出现在词尾"-지"之后，表示否定。11与12中虽然都出现了"하다"，但这两个"하다"出现的环境与含义也各不相同。11中的辅助动词"하다"出现在辅助形连接词尾"-어야"之后，表示"应该，应当"。12中的辅助动词"하다"出现在名词性词尾"-기"与添意助词"는"之后，表示"承认，认可"。此外，与英语中"He likes watching volleyball matches, and so do I"（他喜欢看排球比赛，我也是）中的do相似，12中的辅助动词"하다"的代动词（대동사）特征更加突出。

表6-3　韩国语中的辅助动词

序号	辅助动词的含义	辅助动词	例句
1	进行（진행）	①（-어）가다	이제 일을 다 끝나 간다.
		②（-어）오다	날씨가 추워 온다.
		③（-고）있다	수미는 공부를 하고 있다.
		④（-고）계시다	할머니께서 음악을 듣고 계신다.

续表

序号	辅助动词的含义	辅助动词	例句
2	终结（종결）	①（-고）나다	과제하고 나서 공원에 갈 것이다.
		②（-어）내다	수미는 드디어 졸업증을 얻어 냈다.
		③（-어）버리다	수미는 교실에 들어가 버렸다.
		④（-고야）말다	다음 반드시 일등을 하고야 말겠다.
3	服务、贡献、给予（봉사）	①（-어）주다	동생에게 피아노를 사 주었다.
		②（-어）드리다	어머니께 카네이션을 사 드렸다.
4	试图、尝试（시행）	①（-어）보다	저도 한번 먹어 보았다.
5	保有、保持（보유）	①（-어）두다	철수는 불을 켜 두고 잠이 들었다.
		②（-어）놓다	리포트를 이미 작성해 놓았지만 언제 제출해야 할지 몰라.
		③（-어）가지다	그 과제를 해 가지고 오세요.
6	使动（사동）	①（-게）하다	누구를 하게 하느냐?
		②（-게）만들다	그 일을 잘 되게 만들었다.
7	被动（피동）	①（-어）지다	커다란 발전이 이루어졌다.
		②（-게）되다	기계가 못 쓰게 되다.
8	否定（부정）	①（-지）아니하다（않다）	수미는 하지 아니한다.（않는다）
		②（-지）말다	수미는 오지 말아라.
		③（-지）못하다	나는 오지 못한다.
9	强势（강세）	①（-어）대다	너무 놀려 대지 마라.
10	斟酌、估计、预料、推测（짐작）	①（-어）보이다	그 꽃은 좋아 보인다.
11	应该、应当（당위）	①（-어야）한다	밥을 천천히 먹어야 한다.
12	承认、认可（시인）	①（-기는）하다	그는 바쁘기는 하네요.

资料来源：部分参考남기심，고영근.표준국어 문법론[M].서울：박이정，2014：114-119。

英语中的助动词主要有be、do、have等，它们含有较强的语法含义，不能单独在句中作谓语。其中，be主要用来构成进行时态与被动语态；do主要用来构成否定句、疑问句，还可以对谓语动词进行强调；have主要与过去分词构成各种完成时态。在现代汉语中，助词主要分为：语气助词（吗、吧、啊、的等）、时态助词（了、着、过等）、结构助词（所、的、地、得、似的等）等。这些助词大多是一些虚词，无法单独使用，附着在实词或句子之后，表示一定的语法意义。由此可知，韩国语中的辅助动词、英语中的助动词、汉语中的助词，在语法功能上存在一定的相似性，即这三类词都无法在句中独立充当谓语成分，它们可以辅助动词，构成时态、语气、语态、疑问等结构。英语中的部分助动词、韩国语中的大部分辅助动词可以作实义动词或本动词使用，汉语中只有极少部分助词具备这样的功能。从形态上看，英语中的助动词有人称、数与时态的变化；韩国语中的辅助动词有时态的变化却没有数、人称上的变化；汉语属于孤立语，无论实词还是虚词，均不存在形态变化。此外，韩国语中的辅助动词要以连接词尾为媒介，才能实现与本动词的连接，而英语中的绝大部分助动词可以与实义动词直接结合。汉语中的部分语气助词、部分结构助词、时态助词也可以与动词直接相连。从意义上看，韩国语中的大部分辅助动词与它们作本动词出现时所表达的含义存在一定的关联性。英语中的助动词在意义上与其作实义动词出现时的关联性较弱；汉语中的绝大部分助词都无法作为动词出现，因而谈论此问题显然无太大意义。从语序上看，韩国语中的辅助动词位于本动词之后，英语中的助动词位于实义动词之前，汉语中存在助词位于动词之前以及位于动词之后的两种情况。

（二）辅助形容词

韩国语中的辅助形容词没有辅助动词的数量多，而且辅助形容词与本谓词在含义上的关联性也比较弱。辅助形容词按其词义可以被划分为5种类型。如表6-4所示，由于大部分形容词不可能出现在表示命令或请求的句式中，因而表示否定含义的辅助形容词数量上少于辅助动词，仅有"아니하다，못하다"。3①中的辅助形容词"보다"以"-ㄴ/은가，-는가，-나"等疑问形连接词尾为媒介，与本谓词结合，表示"推测"。此外，这一组中的"（-ㄹ/을까）보다"除了表示"推测"之外，还表示"想法或意志的不坚定"。例如，在"책이나 읽을까 봐요."中，使用"-을까 보다"充分表现出说话者对是否读书犹豫不决。辅助形容词"싶다"，与1中的辅助形连接词尾"-고"结合，表示"希望"。"싶다"与3②中的"-는가，-나，-（으）ㄹ까"等辅助形连接词尾连用，则表示"推测"。此外，这一组中的"（-ㄹ/을까）싶다"除了表示"推测"之外，还可以表示"担心"。例如，在"철수는 시험에 떨어질까 싶어서 너무 긴장했다."中，使用"-ㄹ까 싶다"充分表现了"철수"对考试可能会失利的担心。

在前面一节中，笔者曾提到过"있다"作辅助动词时，其词干部分主要与辅助形连接词尾"-고"搭配使用，表示"进行"，而在4①中，"있다"位于连接词尾"-어"之

后，表示某种状态或是某种状态的完结，属于辅助形容词。关于"있다"应归于辅助动词还是辅助形容词尚无明确且合理的定论，暂且可把两种情况下出现的"있다"统称为辅助谓词。

表6-4 韩国语中的辅助形容词

序号	辅助形容词的含义	辅助形容词	例句
1	希望（희망）	①（—고）싶다	저는 중국에 가고 싶다.
2	否定（부정）	①（—지）아니하다（않다）	이 차가 맛있지 않다.
		②（—지）못하다	철수는 별로 넉넉하지 못합니다.
3	推测（추측）	①（—ㄴ/은/는가）보다；（—나）보다；（—ㄹ/을까）보다	비가 자주 오는 걸 보니 요즘은 장마철인가 봐요. 그는 펜싱을 계속 하나 보네. 너는 그다지 많은 선택이 없을까 봐.
		②（—ㄴ/은/는가）싶다（—나）싶다（—ㄹ/을까）싶다	비가 오는가 싶어 빨래를 걷었다. 요즘 이렇게 마음을 울린 영화가 있나 싶어요. 나는 차가 막힐까 싶어 조금 일찍 집을 나섰다.
4	状态（상태）	①（—어）있다	철수는 하루 종일 침대에 누워 있습니다.
		②（—어）계시다	어머니께서 하루 종일 침대에 누워 계십니다.
5	承认，认可（시인）	①（—기는）하다	그 가방이 작기는 하지만 아주 예뻐요.

资料来源：部分参考남기심，고영근.표준국어 문법론[M].서울：박이정，2014：119-121。

三、谓词的活用

（一）谓词活用概述

如前所述，体词在句中需要借助助词的帮助来表示各种语法关系。谓词与体词相似，谓词在表达各种语法意义时，需要借助词尾来实现。而含有不同语法功能的词尾添加在谓词词干后，使得谓词的形态改变，从而导致句义发生变化的现象就叫"活用"。其中，能够活用的词叫作"活用词（활용어）"。在例（74）a—f中，动词"치다

（弹）"的词干部分"치-"保持不变，其后分别添加了"-ㄴ다，-느냐，-고，-어，-는，-기"等含有不同语法功能的词尾，从而表达了不同的语法含义。例（74）a—f展现了动词"치다"的活用形态，而能够进行活用的"치다"则被称为活用词。

(74) a. 철수가 피아노를 친다.
哲秀弹钢琴。
b. 철수가 피아노를 치느냐?
哲秀弹钢琴吗？
c. 철수가 피아노를 치고 티비를 본다.
哲秀边弹钢琴边看电视。
d. 철수가 피아노를 쳐 본다.
哲秀尝试着弹钢琴。
e. 피아노를 치는 학생이 철수이다.
弹钢琴的学生是哲秀。
f. 철수가 피아노를 치기 싫다고 했다.
哲秀讨厌弹钢琴。

除动词外，韩国语中的形容词也可以活用。在例（75）a—c中，形容词"맑다"的词干"맑-"保持不变，其后添加"-다，-으냐，-고"等词尾，表达不同的语法含义。在例（75）d—f中，形容词"밝다（明亮）"的词干"밝-"保持不变，其后添加了"-아，-은，-기"等词尾，以表达不同的语法含义。形容词"맑다"与"밝다"都属于活用词。

(75) a. 물이 맑다.
水清澈。
b. 물이 맑으냐?
水清澈吗？
c. 물이 맑고 하늘이 푸른다.
水清澈，天空蔚蓝。
d. 해가 밝아 있다.
太阳明亮（强调状态）。
e. 밝은 해가 높이 떴다.
明亮的太阳高高升起。
f. 해가 밝기가 달과 비슷하다.
太阳的亮度同月亮相似。

除了谓词之外，叙述格助词"이다"也可以活用。例（76）a—e中的叙述格助词"이다"的词干"이-"保持不变，其后添加了"-다，-냐，-로구나，-고，-기"等词尾，以表达不同的语法含义。由此可知，叙述格助词"이다"也属于活用词。

(76) a. 이것은 색소폰이다.
　　　这是萨克斯。
　　b. 이것은 색소폰이냐?
　　　这是萨克斯吗？
　　c. 이것은 색소폰이로구나.
　　　这是萨克斯啊。
　　d. 이것은 색소폰이고 저것은 피리이다.
　　　这是萨克斯，那是笛子。
　　e. 박스에 있는 것은 색소폰이기를 바라요.
　　　盒子里的东西希望是萨克斯。

此外，"이다"的否定形式"아니다"也可以活用。例（77）a—e中的"아니다"很显然是"이다"的否定形式。词干"아니-"保持不变，其后添加了"-다，-냐，-로구나，-고，-기"等词尾，表达不同的语法含义。因此，叙述格助词"아니다"也是活用词。需要注意，虽然叙述格助词"이다"与其否定形式"아니다"在活用时形态上存在相似性，但是"아니다"与"이다"有着本质上的区别，即"아니다"可以独立存在于句中，但"이다"却不能独立存在于句中。在韩国语语法中，通常将"아니다"归属于形容词范畴。

(77) a. 이것은 색소폰이 아니다.
　　　这不是萨克斯。
　　b. 이것은 색소폰이 아니냐?
　　　这不是萨克斯吗？
　　c. 이것은 색소폰이 아니로구나.
　　　这不是萨克斯啊。
　　d. 이것은 색소폰이 아니고…
　　　这不是萨克斯……
　　e. 박스에 있는 것은 색소폰이 아니기를 바라요.
　　　盒子里的东西希望不是萨克斯。

（二）谓词活用的种类

上一节探讨了动词的活用、形容词的活用、叙述格助词"이다"的活用以及"이다"的否定形式"아니다"的活用情况。通过观察例句可以发现，它们的活用形态不尽相同。例（74）a、b，例（75）a、b，例（76）a、b、c以及例（77）a、b、c中谓词的活用形态均表示句子的终结，因而称为"终结形（종결형）"。例（74）c、d，例（75）c、d，例（76）d以及例（77）d中谓词的活用形态在句中发挥连接作用，因而称为"连接形（연결형）"。例（74）e、f，例（75）e、f，例（76）e以及例（77）e改变了句子的结构，这种活用类型称为"转成形（전성형）"。同时，根据各类活用形态在句中发挥的功能的不同，可以再进行细分。例（74）a、例（75）a、例（76）a以及例（77）a为陈述形（서술형），例（74）b、例（75）b、例（76）b以及例（77）b为疑问形（의문형），例（76）c与例（77）c为感叹形，例（74）c、例（75）c、例（76）d以及例（77）d为对等的连接形（대등적 연결형），例（74）d以及例（75）d为辅助的连接形（보조적 연결형），例（74）e以及例（75）e为冠形词形（관형사형），例（74）f、例（75）f、例（76）e以及例（77）e为名词形（명사형）。

（三）基本形、词干、词尾

活用词的中心部位称为词干（어간），附着在词干之后的部分叫作词尾（어미）。词干后附着的词尾如果以"다"结尾，通常称为"基本形（기본형）"。由于谓词的词干属于依存词素，因而字典中收录的所有谓词其词干后必须附着词尾"-다"。体词与谓词不同，体词属于自立词素，且在口语中，体词后的助词可以省略，因而在字典中，体词之后不会附着助词。

例（78）—（80）分别是动词、形容词以及叙述格助词"이다"的活用形态。通过对比不难发现，动词、形容词以及叙述格助词"이다"活用时，呈现出的形态有时相同，有时相异。动词、形容词以及叙述格助词"이다"的词干在与连接词尾"-고"以及转成词尾"-기"连用时，它们的活用形态是一致的【参考例（78）c、例（79）c、例（80）c；例（78）e、例（79）e、例（80）e】。当动词、形容词以及叙述格助词"이다"与陈述形终结词尾"-는다，-ㄴ다，-다"结合时，它们的活用形态却不完全一致，即动词词干如含有收音（"ㄹ"作词干收音的情况除外），其后添加词尾"-는다"，如例（78）a所示，动词词干"얹-"后连接尾"-는다"。如动词词干不含有收音或是动词词干以收音"ㄹ"结尾时，则须连接词尾"-ㄴ다"。形容词词干、叙述格助词"이다"及其否定形式"아니다"的词干、先语末词尾"-았-，-겠-"等后，则需添加词尾"-다"，如例（79）a与例（80）a所示，形容词词干"작-"以及叙述格助词词干"이-"后添加词尾"-다"。当动词、形容词以及叙述格助词"이다"的词干在连接表示"疑

问"的终结词尾"-느냐，-으냐，냐"时，它们的活用形态各不相同。"-느냐"主要出现在动词词干、形容词"없다"的词干以及先语末词尾"-았-，-겠-"等之后；"-으냐"出现在有收音的形容词词干之后（"ㄹ"作词干收音的情况除外）；"냐"则主要出现在不含有收音的形容词词干、以"ㄹ"为收音的形容词词干、叙述格助词"이다"及其否定形式"아니다"的词干之后【参考例（78）b、例（79）b、例（80）b】。动词、形容词以及叙述格助词"이다"在与表示"事件、行为等发生在当下"的冠形词形词尾"-는，-은，-ㄴ"连用时，如例（78）d所示，无论动词词干有无收音，都连接"-는"。如例（79）d所示，形容词词干含有收音（"ㄹ"作词干收音的情况除外），连接"-은"。如例（80）d所示，叙述格助词"이다"的词干在连接冠形词形词尾时，选择"-ㄴ"。此外，不含有收音的形容词词干、含有收音"ㄹ"的形容词词干以及"아니다"的词干后，均连接"-ㄴ"。需要注意，词尾的混用很可能造成原句句义改变或是句子不成立。

(78) a. 없는다　　(79) a. 작다　　(80) a. (학생) 이다
　　 b. 없느냐　　　　 b. 작으냐　　　 b. (학생) 이냐
　　 c. 없고　　　　　 c. 작고　　　　 c. (학생) 이고
　　 d. 없는　　　　　 d. 작은　　　　 d. (학생) 인
　　 e. 없기　　　　　 e. 작기　　　　 e. (학생) 이기

谓词"있다"和"없다"的活用形态有时与形容词相似，有时与动词相似。如在例（81）a与例（81）c的陈述句中，"있다"和"없다"的活用形态均为原形，这与其他形容词在陈述句中的活用形态相似。而如例（81）b与例（81）d所示，"있다"和"없다"在连接冠形词形词尾时，它们的活用形态与其他动词词干的活用形态相似。

(81) a. 이 학교에 작은 도서관이 있다.
　　　这所学校有一座很小的图书馆。
　　 b. 이 근처에 작은 도서관이 있는 학교가 어디에 있습니까?
　　　这附近有一座很小的图书馆的学校在哪里？
　　 c. 이 학교에 도서관이 없다.
　　　这所学校没有图书馆。
　　 d. 이 학교에 없는 것이 무엇입니까?
　　　这学校没有的东西是什么？

此外，在疑问句中，"있다"和"없다"的活用形态与其他动词的活用形态相似，

而在感叹句当中，"있다"和"없다"的活用形态与其他形容词的活用形态相似。正由于此，目前关于"있다"和"없다"的归属问题仍然存在争议。陈述形相对于其他句型而言是最基础的一种句型，因此，部分学者依据"있다"和"없다"在陈述句中的活用形态，把它们归为形容词范畴。另一部分学者指出，"있다"的活用更接近于动词，"없다"的活用更接近于形容词，因为"있다"能够出现在命令句与祈使句中，如"가만 있어라（好好待着）""같이 있자（一起待着吧）"，而"없다"无法出现在命令句与祈使句中。基于此，本书遵从第二种观点，将"있다"看作动词，将"없다"看作形容词【参照例（82）】。

(82) a. 해가 솟은 지가 언제인데 아직도 자고 <u>있느냐</u>?
太阳都出来多久了，还在睡？
b. 왜 이렇게 철이 <u>없느냐</u>?
为什么这么不懂事？
c. 어디를 <u>가느냐</u>?
你去哪里？
d. 시간 차이가 <u>있구나</u>!
原来有时差啊！
e. 남의 말을 끊다니 예의가 <u>없구나</u>!
打断别人的话，真没礼貌！
f. 강물이 <u>맑구나</u>!
江水好清澈啊！

（四）活用的不完全性

大部分动词几乎都可以和所有的词尾结合，但有一小部分动词只能与特定的词尾连用，像这样的动词被称为不完全动词（불완전동사）或不具动词（불구동사）。例（83）中的动词"데리다（接，带领等）"就是一个典型的不完全动词。"데리다"可以与"-어，-고"等词尾结合，但是无法与词尾"-ㄴ，-어라"结合，活用时呈现出一定的局限性；而它的敬语形式"모시다"则不受任何限制，可以与"-어，-고，-ㄴ，-어라"等词尾结合，以表示不同的语法含义。

(83) a. 동생을 유치원에서 <u>데려왔다</u>.
把弟弟从幼儿园接回来。

b. 동생을 유치원에서 데리고 출근하셨다.
　　把弟弟从幼儿园接回来后就上班了。
　　c. *동생을 유치원에서 데린다.
　　d. *동생을 유치원에서 데려라.

　　此外,"대하다, 즈음하다, 더불다, 비롯하다, 관하다, 의하다, 위하다, 말미암다"等也属于不完全动词,它们出现在"을/를, 와/과, 에"等助词之后,与词尾"-ㄴ, -어/-아/-여"等搭配使用。通过它们的活用形态不难发现,它们在使用上存在局限性。另外,在将中国古代文言文中经常出现的"曰"字翻译为韩文时,通常会使用"가로다"一词。"가로다"也属于不完全动词,因为它仅有"가로되, 가론"两种活用形态,如"孔子曰(공자가 가로되)"【参照例(84)】。

(84) a. 시장을 비롯한 여러 참석자들이 이 정책을 반대했다.
　　　以市长为首的众多参加者都反对这一政策。
　　　b. 폭우로 말미암아 경기가 취소되었다.
　　　因为暴雨导致比赛被取消。
　　　c. 친구와 더불어 한국 드라마를 본다.
　　　和朋友一起看韩国电视剧。
　　　d. 그의 성격은 부모님에 의하여 형성되었다.
　　　他的性格是父母塑造的。

(五) 规则活用与不规则活用

1. 规则活用

　　韩国语中的绝大部分谓词词干在与词尾结合时,其词干形态保持不变,或者即使发生改变,也会符合韩国语普遍的语音变化规律,像这类词的形态变化属于规则活用(규칙 활용)。少数谓词的词干在与词尾结合时,其形态变化很难用韩国语的语音变化规则来解释,我们很难根据其变化后的形态推测出它的基本形,因而像这类词的形态变化就属于不规则活用(불규칙 활용)。

(85) a. 높다[놉따], 있고[읻꼬], 찾지[찯찌], 웃더니[욷떠니]
　　　b. 넓다[널따], 잃다[일타], 얹고[언꼬], 없고[업꼬]
　　　c. 밖도[박또], 값과[갑꽈], 잎부터[입뿌터]

在例（85）a中，当词干收音为"ㅍ"时，根据音节末音规则（음절의 끝소리 규칙），"ㅍ"需要换成其代表音"ㅂ"。当词干的收音为"ㅆ，ㅈ，ㅅ"时，根据音节末音规则，"ㅆ，ㅈ，ㅅ"需要换成其代表音"ㄷ"，而收音"ㅂ"，"ㄷ"遇到以辅音"ㄷ，ㄱ，ㅈ"等为首音的词尾时，辅音"ㄷ，ㄱ，ㅈ"便会发生紧音化现象（경음화 현상），即"ㄷ，ㄱ，ㅈ"需要变为其紧音"ㄸ，ㄲ，ㅉ"。例（85）b与例（85）a稍有不同，在例（85）a中，词干部分的收音为单收音，而在例（85）b中，词干部分的收音为双收音。依据音节构造规则（음절구조제약），终声位置能够出现的辅音只有一个，并且韩国语中的27个收音只能发成"ㄱ，ㄷ，ㅂ，ㅇ，ㅁ，ㄴ，ㄹ"这7种音，这7个音又被称为"七终声"。因此，当某个音节出现了双收音，根据子音群单纯化原则（자음군 단순화），只能发其中一个收音的音，另一个不发音且需要脱落。通常情况下，会发左边字母的音，但也存在发右边字母的音的现象①。以上提及的音变规则不仅适用于谓词的活用，也同样适用于体词的曲用。例（85）c中的名词"밖"遇到以辅音"ㄷ"为首音的助词时，首先按照音节末音规则，实际发音变为[박]，然后与助词的首音"ㄷ"相遇，"ㄷ"发生紧音化现象，使得整体发音变为[박또]。"값과"依次遵循"音节末音规则、紧音化现象、子音群单纯化现象"。"잎부터"则通过"音节末音规则、紧音化现象"发音变为"[입뿌터]"。谓词、体词依据"音节末音规则、紧音化现象、子音群单纯化现象"等普遍的音变规则而发生形态变化的现象被称为"自动交替"。

（86） a. 맞-+-아[마자]　　　놀-+-았다[노랃따]
　　　　잡-+-아라[자바라]　　좁-+-아서[조바서]
　　　b. 읽-+-어[일거]　　　　널-+-었다[너럳따]
　　　　접-+-어라[저버라]　　뛰-+-어서[뛰어서]
　　　c. 아프-+-아[아파]　　　예쁘-+-었-[예뺐]
　　　　고프-+-아서[고파서]
　　　d. 아름답-+-어[아름다워]　괴롭-+-었-[괴로웠]
　　　　새삼스럽-+-어서[새삼스러워서]

---

①在双收音中，既存在如"ㄳ"一样，发音时保留左边"ㄱ"，右边"ㅅ"脱落的情况，也存在如"ㄻ"一样，发音时左边"ㄹ"脱落，保留右边"ㅁ"的情况。此外，双收音中还存在根据使用环境的差异，有时保留左边收音，有时保留右边收音的情况，但这种情况仅限于"ㄺ，ㄼ"这两个收音。例如，动词词干"읽-"在连接陈述形终结词尾"-다"时，其词干部分的双收音"ㄺ"会保留右边的收音"ㄱ"，例如"읽다"读作[익따]"，而在连接以辅音"ㄱ"开头的词尾时，其词干部分的双收音"ㄺ"会保留左边的收音"ㄹ"，例如"읽고"读作[일꼬]"。在11个双收音中，通常情况下"ㄳ，ㄵ，ㅀ，ㄾ，ㅄ，ㄶ，ㅄ"把左边字母的音当作此音节的收音来发音，"ㄿ，ㄻ，ㄺ"将右边字母的音当作此音节的收音来发音。

例（86）a中谓词词干的末音节含有阳性元音"ㅏ，ㅗ"等时，需要与"-아，-았-，-아라，-아서"等以阳性元音"ㅏ"为首音的词尾结合。类似的谓词还有"막다，잡다，놓다，보다，얕다"等。如例（86）b所示，当谓词词干的末音节含有阴性元音"ㅣ，ㅓ，ㅟ"等时，则需要与"-어，-었-，-어라，-어서"等以阴性元音"ㅓ"为首音的词尾搭配使用。类似的谓词还有"열다，뜯다，크다，끼다，맺다，세다，되다"等。像这样，阳性元音与阳性元音搭配、阴性元音与阴性元音搭配的现象叫作"元音和谐（모음조화）现象"。如例（86）c所示，在由两个或两个音节组成的谓词词干中，如果词干以元音"ㅡ"结尾，那么选择与阳性元音为词首的词尾搭配，还是选择与阴性元音为词首的词尾搭配，是由词干中前一个音节所含元音的性质决定的。以"아프다"为例，由于词干末音为"ㅡ"，"ㅡ"前的音节含有阳性元音"아"，因而词干与阳性元音为首的词尾搭配使用，与此同时"ㅡ"脱落。再如"예쁘다"，由于词干末音为"ㅡ"，"ㅡ"前的音节含有阴性元音"예"，因而词干与阴性元音为首的词尾搭配使用，与此同时"ㅡ"脱落。像这样的谓词还有"기프다，바쁘다，슬프다，부르다，모르다"等。

元音和谐现象十分复杂，存在很多例外。[①]例如，"하다"的词干末音节元音为阳性元音"ㅏ"，但却连接以"여"开头的阴性元音词尾。再如，先语末词尾"-았-，-었-，-였-"后面再连接词尾时，无论词干末音节是否含有阴性元音，一律选择与"-어，-었-"等阴性元音开头的词尾搭配使用，如"바빴었어요""먹었어"等。例（86）d中的形容词的原形分别为"아름답다，괴롭다，새삼스럽다"。依据元音和谐现象，当词干末音节含有阳性元音时，应连接"-아，-았-，-아서"这类以元音"ㅏ"为首的词尾，因此应构成"아름답아-，괴롭았-"这样的形态；而当词干末音节含有阴性元音时，应连接"-어，-었-，-어서"这类以元音"ㅓ"为首的词尾，构成"새삼스럽어서-"这样的形态。但例（86）d中的形容词词干并未按照元音和谐现象进行活用，属于违背"元音和谐"这一普遍语音法则的特殊现象，因而它们的活用属于不规则活用。具体来说，它们属于"ㅂ"的不规则活用。

2.不规则活用

韩国语中谓词的不规则活用主要分为词干发生变化的"词干不规则活用"，词尾发生变化的"词尾不规则活用"，以及词干与词尾均发生改变的"词干词尾不规则活用"3种情况。首先，让我们一起来看一下词干的不规则活用现象。

（87）a. 씻고　　　씻지　　　씻더라
　　　b. 씻어　　　씻어서　　　씻었다

[①] 허용，김선정.외국어로서의 한국어 발음 교육론[M].서울：박이정，2006：315-325.

c. 낫고　　낫지　　　낫더라
　　d. 나아　　나아서　　나았다

　　例 (87) a 中的动词"씻다"的词干部分"씻-"在连接以辅音为首音的词尾时，词干"씻-"的形态不变，直接添加"-고，-지，-더라"等词尾。例 (87) b 中的词干部分"씻-"在连接以元音为首音的词尾时，词干"씻-"的形态依然保持不变，直接添加词尾"-어，-어서，-었-"。与例 (87) a 一样，例 (87) c 中的词干"낫-"在连接以辅音为首音的词尾时，词干的形态也不变，直接添加词尾"-고，-지，-더라"。但与例 (87) b 不同，例 (87) d 的词干"낫-"在连接以元音为首音的词尾时，"낫-"的收音部分"ㅅ"先发生了脱落现象，随后再添加词尾"-아，-아서，-았-"。通过例 (87) 可知，当含有收音"ㅅ"的谓词词干，其后连接以元音开头的词尾时，有时会发生"ㅅ"脱落的现象，而有时则不会发生此类现象，即"ㅅ"的脱落现象只适用于部分以"ㅅ"为收音的谓词词干。像"ㅅ"脱落这样的现象通常被归为非自动交替（비자동적 교체）。例 (87) d 中"ㅅ"的脱落现象称作"ㅅ"的不规则活用（"ㅅ"불규칙 활용），像"낫다"这样的谓词称为"ㅅ"的不规则谓词（"ㅅ"불규칙 용언）。例 (87) b 中的"ㅅ"未脱落的现象称作"ㅅ"的规则活用（"ㅅ"규칙 활용），而像"씻다"这样的谓词称为"ㅅ"的规则谓词（"ㅅ"규칙 용언）①。"ㅅ"的规则活用现象适用于以"ㅅ"为收音的绝大部分动词，而"ㅅ"的不规则活用现象适用于以"ㅅ"为收音的一小部分动词，以及以"ㅅ"为收音的形容词"낫다"。

(88) a. 묻고　　묻지　　　묻더라（묻다：问，提问，询问）
　　 b. 물어　　물어서　　물었다
　　 c. 묻고　　묻지　　　묻더라（묻다：埋葬，隐藏，遮住）
　　 d. 묻어　　묻어서　　묻었다

　　例 (88) a 中的"묻다"的词干部分"묻-"，在连接以辅音为首音的词尾时，词干"묻-"的形态不变，可以直接与连接词尾"-고，-지，-더라"结合。例 (88) b 的词干部分"묻-"在连接以元音为首音的词尾时，词干"묻-"变为"물-"后，再添加词尾"-어，-어서，-었-"。例 (88) c 的词干部分"묻-"在连接以辅音为首音的连接词尾时，与例 (88) a 一样，词干的形态保持不变，直接连接词尾"-고，-지，-더라"。但是与例 (88) b 不同，例 (88) d 的词干部分"묻-"在连接元音开头的词尾时，其形态

---

① "ㅅ"的不规则谓词有：짓다, 잇다, 긋다, 젓다, 잣다, 붓다, 낫다（好；痊愈）<동사>, 낫다（更好，更优秀）<형용사>等；"ㅅ"的规则谓词有：벗다, 씻다, 솟다, 빼앗다等。

未发生变化，直接与词尾"-어，-어서，-었-"结合。形态相同但词义不同的两个"묻다"在连接以元音为首音的词尾时，出现收音"ㄷ"变为"ㄹ"的现象以及"ㄷ"不发生改变的现象，这与"ㅅ"的不规则活用现象相似。其中，例（88）b中的收音"ㄷ"被"ㄹ"取代的现象被称为"ㄷ"的不规则活用现象，像"묻다（问，提问，询问）"这样的谓词称为"ㄷ"的不规则谓词。而例（88）d中的收音"ㄷ"未变为"ㄹ"的现象称为"ㄷ"的规则活用，像"묻다（埋葬，隐藏，遮住）"这样的谓词称为"ㄷ"的规则谓词①。除了"ㅅ"与"ㄷ"的不规则活用现象之外，"ㅂ"的不规则活用现象、"르"的不规则活用现象、"우"的不规则活用现象等都属于词干的不规则活用现象。

除了词干的不规则活用现象之外，还存在词尾的不规则活用现象，如"여"的不规则活用现象。

(89) a. 하고　　　　하지　　　　하더라
　　 b. 하여（해）　하여서（해서）하였다（했다）
　　 c. 가아（가）　가아서（가서）　가았다（갔다）

例（89）a中的动词"하다"在连接以辅音为首音的词尾时，词干"하-"在形态上没有任何变化，可直接与连接词尾"-고，-지，-더라"结合。例（89）b中的动词"하다"在连接以元音为首音的词尾时，其形态发生了改变，对照例（89）a一目了然。观察例（89）c可以发现，动词"가다"的词干"가-"在连接以元音为首音的词尾时，发生了元音脱落（동일모음 탈락）现象，即词干部分的元音"ㅏ"与词尾部分的元音"ㅏ"融为一体，"가아"变成了"가"，"가아서"变成了"가서"，"가았다"变成了"갔다"，这是符合韩国语发音规则的变化。例（89）b中的动词"하다"词干部分的"하-"，与例（89）c中的动词"가다"词干部分的"가-"一样，都含有元音"ㅏ"。依据上文介绍的"元音和谐"现象，词干"하-"应选择与"ㅏ"系列的词尾搭配使用，并依据元音脱落现象，变为"하아（하），하아서（하서），하았다（핬다）"，但事实上，词干"하-"却连接了"-여"系列的词尾，同时，与"-여"进一步融合，变为"해"。像这样的活用现象称为"여"的不规则活用，选择了"-여"系列词尾的动词"하다"则称为"여"的不规则谓词。

(90) a. 이르고　　이르지　　이르면（이르다：到达，至）
　　 b. 이르러　　이르러서　이르렀다

---

① "ㄷ"的不规则谓词有：듣다, 걷다, 눋다, 깨닫다, 싣다, 일컫다 등<동사>；"ㄷ"的规则谓词：닫다, 돋다, 믿다, 쏟다, 얻다 등<동사>。

c. 이르고 이르지 이르면 (이르다: 告诉, 告发; 早, 提前)
d. 일러 일러서 일렀다

例(90)a中的自动词"이르다"连接以辅音为首音的词尾时,其词干"이르-"在形态上没有任何变化。如例(90)b所示,当词干"이르-"连接以元音为首音的词尾时,词尾部分的形态发生了变化。按照元音和谐规则,词干"이르-"应选择与"ㅓ"系列的词尾搭配使用,构成"이르어, 이르어서, 이르었다",但事实上,词干"이르-"在添加"ㅓ"系列的词尾时,元音"ㅓ"变为了"러"。像(90)b这样,"ㅓ"系列的元音变为"러"的现象称为"러"的不规则活用,而选择了"-러"系列词尾的自动词"이르다(到达;至)"则称为"러"的不规则谓词。涉及"러"不规则活用的动词还有"누르다(压;按)"等,涉及"러"不规则活用的形容词还有"푸르다(青;绿)"等。

例(90)c中的"이르다"可以作他动词以及形容词使用。词干"이르-"在连接以辅音开头的词尾时,词干、词尾都未发生形态变化,而当词干"이르-"连接以元音为首音的词尾时,如例(90)d所示,词干"이르-"的第二个音节中的"으"脱落,第一个音节中添加收音"ㄹ",同时,第二个音节"ㄹ"再与"ㅓ"系列的元音融合为"러",分别构成"일러, 일러서, 일렀다",这与例(90)b中的活用现象完全不同。例(90)d中的活用现象属于"르"的不规则活用,作他动词以及形容词出现的"이르다"则称为"르"的不规则谓词。涉及"르"不规则活用的谓词还有"가르다(分;穿过;区分), 고르다(挑, 拣), 기르다(养, 培养), 나르다(运, 搬运), 다르다(不同, 不一样), 바르다(正确, 端正;涂抹), 오르다(攀登;提高), 사르다(点燃;耗尽, 牺牲), 자르다(折断;终止)"等。

(91) a. 집에 가다. 집에 가냐? 집에 가자. 집에 가는구나!
  回家。 回家吗? (一起)回家吧。 回家啊!
  b. 집에 가거라.
  回家。(命令的口吻)
  c. 과일을 사다. 과일을 사냐? 과일을 사자. 과일을 사는구나!
  买水果。 买水果吗? (一起)买水果吧。 买水果啊!
  d. 과일을 사라.
  买水果。(命令的口吻)

如例(91)a和例(91)c所示,在陈述句、疑问句、共动句以及感叹句中,"가다""사다"的词干以及词尾的形态都未发生改变。但在例(91)b的命令句中,"가다"的

词干"가-"虽然没有发生形态上的变化，但按照元音和谐规则，其活用形态应该与例（91d）"사다"的活用形态相似，即词干后应附着词尾"-아라"，构成"가아라（가라）"，但事实上，词干"가-"却添加了"-거라"，变为"가거라"。像这样，按照发音规则，词干后本应添加"-아라"，但实际上却添加了"-거라"的现象，称为"거라"的不规则活用；选择了"-거라"系列词尾的动词"가다"则称为"거라"的不规则谓词。"거라"的不规则活用现象仅存在于动词中。除"가다"之外，动词"자다（睡；停止）""자라다（生长；成长）""일어나다（起床；爆发）"等也属于"거라"的不规则谓词。此外与"가다"在意义上有关联性的一些合成动词，如"들어가다（进入；投入），올라가다（爬，上去；上调），내려가다（下去；返回）"等，也属于"거라"的不规则谓词。在日常对话中，人们有时也会在"가다, 자다, 일어나다"等词的词干后添加词尾"아라"进行表述，如"가라, 자라, 일어나라"。与之相反，像"있다（有，存在），듣다（听；听取），서다（站，站立）"等应进行规则活用的谓词，在日常对话中发生"거라"的不规则活用，表述为"있거라, 듣거라, 서거라"等的现象也十分常见。

此外，自动词"오다"在连接表示陈述、疑问、共动以及感叹意义的词尾时，其词干与词尾都不会发生形态上的改变，但在连接表示命令的词尾"-아라"时，词干"오-"的形态保持不变，其词尾却由"-아라"变为"-너라"，形成"오너라"。像这样，按照发音规则，词干后本应添加词尾"-아라"，但实际上添加了"-너라"的现象，称为"너라"的不规则活用；选择了"너라"系列词尾的动词"오다"，则称为"너라"的不规则谓词。除了"오다"之外，与"오다"在意义上有关联性的一些合成动词，如"들어오다（进入；踏进），나오다（出来；冒出），내려오다（下来；降）"等，都是"너라"的不规则谓词。

以上分析了以词干为中心的不规则活用现象，以及以词尾为中心的不规则活用现象。除了这两种不规则活用现象之外，还存在词干与词尾同时发生不规则活用现象的例子。

(92) a. 좋다[조타]　　좋고[조코]
　　 b. 노랗다[노라타]　노랗고[노라코]
　　 c. 좋은[조은]　　좋으면[조으면]
　　 d. 노랗+은[노란]　노랗+으면[노라면]

如例（92）a所示，词干"좋-"在连接以辅音为首音的词尾时，由于发生了送气音化现象（격음화 현상），使得词干与词尾部分的发音都发生了改变。例（92）b中的词

干"노랗-"其活用的形态与例（92）a相似。具体来说，例（92）b中含有收音"ㅎ"的形容词"노랗다"，当其词干"노랗-"连接以辅音为首音的词尾时，收音"ㅎ"与词尾的首字母"ㄷ，ㄱ"相遇，在送气音化现象的作用下，"ㄷ，ㄱ"分别变成了它们对应的送气音"ㅌ，ㅋ"，随后位于词干终声位置的收音"ㅎ"脱落。例（92）a与例（92）b都属于符合韩国语发音规则的规则活用现象。例（92）c中的词干"좋-"在连接以元音为首音的词尾时，收音"ㅎ"发生了脱落现象，这也属于符合发音规则的规则活用。与例（92）c所呈现的变化截然不同，例（92）d的形容词词干"노랗-"在连接以元音为首音的词尾"-은，-으면"时，按照发音规则应变为"노라은，노라으면"，但实际上并非如此，其词干与词尾都发生了改变。另外，词干"노랗-"连接表示"陈述、疑问、共动、命令"等语义的终结词尾"-아요"时，其收音"ㅎ"脱落，词干部分的元音"아"与词尾部分的元音"아"融合后变为"ㅐ"，构成了"노래요"。而在例（92）c中，形容词词干"좋-"连接终结词尾"-아요"时，只会引起词干形态的改变，即收音"ㅎ"脱落，变为"조아요"。比照"조아요"可知，"노래요"显然属于词干与词尾都发生变化的不规则活用。像这样的不规则活用，称为"ㅎ"的不规则活用；像"노랗다"这样的谓词，称为"ㅎ"的不规则谓词。此外，含有后缀"-앟/-엏"的形容词"까맣다（乌黑，久远，全然忘记或不知），빨갛다（红，深红），뿌옇다（灰白，苍白，恍恍惚惚）"等，都属于"ㅎ"的不规则谓词。需要注意的是，"ㅎ"的不规则活用仅适用于除了"좋다"以外的，以"ㅎ"结尾的形容词。

上文详细介绍了韩国语中谓词的不规则活用现象，现将这些不规则活用现象整理如下（表6-5）。

表6-5 韩国语中谓词的不规则活用

分类		变化过程说明	实例
词干的不规则活用	"ㅂ"的不规则活用	词干以收音"ㅂ"结尾的部分谓词+以元音为首音的词尾时，收音"ㅂ"变为"우"。其中谓词"돕다，곱다"的词干的收音将变为"오"。	쉽다→쉬워요 가깝다→가까워요 덥다→더우니 돕다→도와서
	"ㄷ"的不规则活用	词干以收音"ㄷ"结尾的部分谓词+以元音为首音的词尾时，收音"ㄷ"变为"ㄹ"。	걷다→걸어요 듣다→들어요 묻다（问）→물으니 싣다→실으세요

续表

分类		变化过程说明	实例
词干的不规则活用	"ㅅ"的不规则活用	词干以收音"ㅅ"结尾的部分谓词＋以元音为首音的词尾时，收音"ㅅ"脱落。	붓다→부어요 잇다→이어서 낫다→나으니까 짓다→지었어요
	"르"的不规则活用	词干以"르"结尾的部分谓词＋以元音为首音的词尾时，"르"中的"ㅡ"脱落，"ㄹ"保留，并在前一音节上添加"ㄹ"。	빠르다→빨라요 게으르다→게을러요 자르다→잘라서 모르다→몰라서
	"우"的不规则活用	词干以"우"结尾的谓词"푸다"＋元音为首音的词尾时，"우"脱落。	푸다→퍼요 푸다→퍼서
词尾的不规则活用	"여"的不规则活用	"하다"或含有"하다"的谓词词干在与以元音为首音的词尾结合时，不连接"─아"系列的词尾，而是连接"─여"系列的词尾，结合为"하여"或是"해"。	하다→해요 공부하다→공부해서 일하다→일해요 수영하다→수영했어
	"러"的不规则活用	部分以"르"结尾的词干＋以元音为首音的词尾时，词尾变为"─러─"。	푸르다→푸르러 누르다→누르러서 이르다（至，到）→이르러요
	"거라"的不规则活用	"가다"或含有"가다"的谓词词干在与表示命令的词尾结合时，不与"─아라"结合，而是与"─거라"结合。	가다→가거라 자라다→자라거라 들어가다→들어가거라 올라가다→올라가거라
	"너라"的不规则活用	"오다"或含有"오다"的谓词词干在与表示命令的词尾结合时，不与"─아라"结合，而是与"─너라"结合。	오다→오너라 들어오다→들어오너라 나오다→나오너라 내려오다→내려오너라
词干与词尾的不规则活用	"ㅎ"的不规则活用	词干以"ㅎ"为收音的绝大部分形容词＋以元音为首音的词尾时，"ㅎ"脱落，同时，收音"ㅎ"前的元音"아/어"与词尾的首音"아/어"融合后变为"ㅐ"。收音"ㅎ"前的元音如果是"야/여"，与词尾的首音"아/어"融合后，则变为"ㅒ"。	그렇다→그래요 동그랗다→동그래서 빨갛다→빨개요 뿌옇다→뿌얘요 하얗다→하얘서

除了上表中列举的谓词的不规则活用外，韩国语中还存在一种较为特殊的不规则活用，就是"주다"的不规则活用。在韩国语中，"주다"既可以表示"把某物给他人"，也可以表示"让对方把某物给自己"。作为第一种含义出现的"주다"在"해라체，하

게체, 하오체, 합쇼체, 해요체, 하라체" 등 敬语法中, 其活用形态分别为 "주어라, 주게, 주오, 주십시오, 주어요, 주라", 而作为第二种含义出现的 "주다", 在 "해라체" 的命令句中①, 会使用 "다-" 代替 "주다" 的词干 "주-"。参照例(93)a可以推断出, 在表示命令时, 词干 "주-" 应与词干 "먹-" 相似, 添加 "해라체" 的命令形词尾 "-아/어라" 构成 "주어라", 但在例 (93) c中, 我们发现 "주어라" 变为了 "다오"。"-오" 也是 "해라체" 的命令形词尾, 此例句中出现的 "-다" 是 "달-" 在同词尾 "-오" 相遇后, 收音 "ㄹ" 脱落后形成的形态。这与含有收音 "ㄹ" 的动词词干, 在命令形词尾 "-오" 前脱落的现象相似, 如 "파오(卖), 다오(安装; 悬挂)"。如例 (93) c所示, 在 "주다" 的这种不规则活用中, 词干与词尾的形态都发生了改变。此外, 作为第二种含义出现的 "주다", 在 "하라체" 的命令句中会使用 "달-" 代替 "주다" 的词干部分 "주-"。通过例 (93) b不难推断出, 在表示 "命令" 时, 词干 "주-" 应与词干 "자-" 相似, 添加 "하라체" 的命令形词尾 "-(으)라" 构成 "주라"。但在例 (93) d中, "주라" 变为了 "달라"。如例 (93) d所示, 在 "주다" 的这种不规则活用中, 词干的形态发生了变化, 词尾的形态并未改变。

(93) a. 철수야, 타로를 <u>먹어라</u>.
   哲秀, 吃芋头。
   b. 철수야, 빨리 <u>자라</u>. 내일 아침에 시험을 봐야 한다.
   哲秀啊, 快点睡。明天早上要考试。
   c. 그 휴지 좀 집어 <u>다오</u>.
   把那张纸捡起来。
   d. 그 볼펜 좀 집어 <u>달라</u>.
   把那只圆珠笔捡起来。

四、词尾

(一) 词尾的特征与种类

韩国语中的谓词以及具有谓词性质的叙述格助词 "이다" 的词干之后, 必不可少的、表示语法意义的可变要素 (가변요소) 被称为词尾。据统计, 韩国语中含有500多个词尾。从形态上看, 这些词尾具有以下特征。首先, 词尾需添加在词干之后, 它们无

---

① "해라체" 的命令句主要用于口语中; "하라체" 的命令句主要用于书面语中。在日常对话中, 如果想要命令比自己辈分低或是与自己关系较为亲近的听者做某事可以使用 "해라체"。当不针对特定的听者或读者传达命令时, 可以使用 "하라체"。从尊敬的程度来说, "해라체" 不含有尊敬意味, 是压低对方身份的非敬语形式, 而 "하라체" 给人一种中立、客观的感觉。此外, "하라체" 多用于报纸、杂志、小说等出版物以及宣言、军队中发号命令等口语中。

法独立存在于句中。其次，如例（94）a—c所示，词尾中存在一类无论其前的音节是什么，其形态都不会发生改变的词尾。第三，如例（94）d—f所示，词尾在与词干结合时，词干末音节所含元音的种类、是否含有收音等因素会直接影响到词尾的选用。最后，在谓词以及叙述格助词"이다"的词干之后，可以连续添加多种词尾。例如，在"할아버지께서 이 책을 읽으셨겠다（爷爷应该已经读过这本书了）"这句话中，词干"읽-"之后可以连续添加"-으시-，-었-，-겠-，다"等词尾。当词干后连续附加几个词尾时，这些词尾会按照一定的规则缩略或是融合为一体，如"-셨-（시+었）"，即当一个音节以元音结尾，后面的音节又以元音为首音时，前面音节中的元音与后面音节中的元音，发生半元音添加（반모음 첨가）现象后缩略为一体。再比如，在"그는 착한 사람이었습니다（他以前是一个善良的人）"这句话中，词尾"-습니다"原来不是一个整体，它是由尊敬阶（합쇼체）的标记"-습-"、直叙法的"-니-"，以及表示陈述的词尾"-다-"三者结合起来构成的。由于它们搭配在一起使用的频率较高，因而在字典中将它们融合成一个词尾来标记。

(94) a. 빨리 집에 가자.
　　　快点回家吧。
　　b. 지금쯤 수미는 서울에 도착하겠네.
　　　现在秀美差不多到首尔了吧。
　　c. 그곳은 경치가 참 좋더라.
　　　那里景色真美啊。
　　d. 유리창이 깨져서 교실이 엉망이 되었다.
　　　玻璃窗碎了，教室内一片狼藉。
　　e. 오늘 아침 꽃이 활짝 피었다.
　　　今天早晨花朵盛开。
　　f. 이 영화를 봤으니까 다른 영화를 보고 싶어요.
　　　这部电影看过了，想看看其他电影。

在韩国语的词尾中，存在结构相对复杂的词尾，也存在结构相对简单的词尾。

(95) a. 철수가 멋지다.
　　　哲秀帅。
　　b. 수미가 책을 읽는다.
　　　秀美读书。
　　c. 강선생님은 어제 강의를 하셨다.
　　　姜老师昨天上课了。

在例（95）a的形容词"멋지다"中，"멋지-"是词干，"-다"为结构较为简单的词尾。例（95）b与例（95）c中的词尾的结构稍微复杂一些。在例（95）b的"읽는다"中，"읽-"为词干，而"-는-"与"-다"为词尾。在例（95）c的"하셨다"中"하-"为词干，而"-시-"，"-었-"，"-다"为词尾。"-다"位于词末，可以接在所有词干之后，单独与词干构成单词，但位于词干与词尾"-다"之间的其他词尾，如"-는-""-시-"与"-었-"它们自身无法与词干结合构成单词，必须同"다"这样的语末词尾相结合，才能构成单词。从词素的角度来看，像"-시-""-었-"这样的词素通常叫作"开放词素"（개방형태소），而像"-다"这样的词素通常叫作"闭锁词素（폐쇄형태소）"。从词尾的角度来看，位于开放词素之后的闭锁词素称为"语末词尾（어말어미）"，而位于闭锁词素之前的开放词素称为"先语末词尾（선어말어미）"。此外，在先语末词尾的前边或后边可以添加连接号（붙침표）"-"。连接号"-"如果出现在先语末词尾左侧，则表示其前存在词干或其他的先语末词尾；连接号"-"如果出现在先语末词尾右侧，则表示其后存在其他的先语末词尾或语末词尾。鉴于先语末词尾前后还可以出现其他词素，因而它被称作开放词素。鉴于连接号"-"只能出现在语末词尾之前，与先语末词尾相比，语末词尾的开放程度略低，因而它被称为闭锁词素。

（二）先语末词尾

先语末词尾因其位于词干与语末词尾中间而得名。与语末词尾相比，先语末词尾的数量有限。先语末词尾中包含表示绝对时间概念的时制词尾、说话者尊敬行为主体的尊称词尾等。

(96) a. 나는 그가 좋은 사람임을 알<u>았</u>다.
  我知道了那个人是好人。
  b. 철수는 월드컵을 본<u>다</u>.
  哲秀看世界杯。
  c. 잠시 후에 강 선생님이 말씀을 하시<u>겠</u>다.
  一会儿姜老师要发言了。
  d. 선생님께서 노래를 부르<u>신</u>다.
  老师唱歌。

例（96）a—c中的三个先语末词尾分别代表了过去、现在和将来3种不同的时态。不规则活用的情况除外，通常情况下，当谓词词干的末音节含有阳性元音"아，오"等时，接"-았-"；当谓词词干的末音节含有阴性元音"어，우，이"等时，接"-었-"；当谓词词干以"하-"结尾，并且想要表达过去含义时，则会在词干之后添加先语末词

尾"-였-"。例（96）b中，表示现在时态的先语末词尾"-ㄴ-"主要出现在以元音结尾的谓词词干之下，而它的交替形态"-는-"主要出现在以辅音结尾的谓词词干之下。但在"먹는구나（吃啊）"以及"가는구나（走啊）"中，以辅音结尾的动词词干"먹-"与以元音结尾的动词词干"가-"，在连接基本阶的感叹形词尾时，都选择了"-는-"。由此可知，在基本阶中，如果陈述现在的事实或习惯，可以依据谓词词干有无收音来选择使用"-는-"或者"-ㄴ-"。同样在基本阶中，如果表示说话者对新发现事实的感叹，则无论动词词干是否含有收音都选用词尾"-는-"。例（96）c中的先语末词尾"-겠-"放在谓词词干"하-"与先语末词尾"-시-"之后，表示"将来、可能性或是推测"之义。例（96）d中的"-시-"是说话者尊敬行为主体的尊称词尾，主要出现在主体敬语法中。在此例句中，唱歌的主体是"선생님（老师）"，从说话者的角度来说，老师是需要尊重的对象，因而选用了主格助词"이/가"的尊敬形式"께서"。与此同时，由于"唱"这一动作是由句中主体，即老师发出的，因而"부르다（唱）"这一动作也应使用其敬语形式，即动词"부르다"的词干"부르-"后需要添加表示尊重含义的先语末词尾"-시-"，构成"부르시-"。如例（96）d所示，在基本阶中，陈述现在的事实或习惯时，词干"부르시-"后需添加先语末词尾"-ㄴ-"来实现与陈述形语末词尾"다"的连接。

由于"-었-，-ㄴ-，-시-，-겠-"等先语末词尾在同其他词尾结合时，受到的制约因素较少，因而它们被称为"분리적 선어말어미（分离的先语末词尾）"或是"형성소"。

(97) a. 화제에 맞는 이야기를 씁니다.
写符合题目的内容。
b. 철수는 어제 중국으로 갔더라.
哲秀昨天去了中国。
c. 어디에 가느냐?
去哪儿？

例（97）a中的先语末词尾"-ㅂ-"是합쇼체（敬语体）的标记，主要用于以元音结尾的谓词词干以及叙述格助词"이다"的词干之下，而其交替形态"-습-"主要用于以辅音结尾的谓词词干之后。"-ㅂ-"的使用具有一定的局限性，多出现在表示"陈述、疑问、命令、感叹、共动"之义的句型中。例（97）b中的先语末词尾"-더-"是韩国语述法（서법）之一的回想法（회상법）的标记。例（97）c中的先语末词尾"-느-"是直叙法（직설법）的标记。"-더-"与"-느-"的使用也具有一定的局限性，主要用于陈述句、疑问句、感叹句中。例（97）中的先语末词尾仅可以与一小部分词尾结合，形成固定的结构，像这样的先语末词尾被称为"교착적 선어말어미（黏着的先语末词

尾)"或"구성소"。此外，在造句时，适用范围较广的先语末词尾一定会出现在适用范围较窄的先语末词尾之前。

(三) 语末词尾

语末词尾的数量与种类是先语末词尾无法比拟的。根据语法功能不同，语末词尾又可以分为终结词尾（종결어미）与非终结词尾（비종결어미）。终结词尾出现在句尾，发挥结束句子的功能。终结词尾根据其完结句子的方式的不同，可以再次分为"陈述形（평서형）、疑问形（의문형）、命令形（명령형）、共动形（청유형）、感叹形（감탄형）"。非终结词尾不出现在句尾，用来衔接句子与句子或是起到转变原词词性功能的词尾。非终结词尾又分为连接词尾（연결어미）与转成词尾（전성어미）。

(98) a. 수미는 책을 보는다.
秀美看书。
b. 수미는 책을 보느냐?
秀美看书吗？
c. 수미는 책을 보는구나.
秀美看书啊！
d. 수미야, 책을 보아라.
秀美呀，看书吧。
e. 수미야, 책을 보자.
秀美呀，一起看书吧。

例（98）中的词尾"-는다，-느냐，-는구나，-아라，-자"分别位于动词"보다"的词干"보-"之后，帮助构成不同的句子类型。例（98）a中的"-는다"是用来叙述现在的事实、习惯的陈述形终结词尾。例（98）b中的"-느냐"是说话者向听者提出疑问的疑问形终结词尾。例（98）c中的"-는구나"是用来抒发说话者的感受、带有感叹语气的感叹形终结词尾。例（98）d中的"-아라"是说话者要求听者进行某一动作，带有命令色彩的命令形终结词尾。例（98）e中的"-자"是说话者要求或提议对方与自己一起做某事的共动形终结词尾。终结词尾不仅可以表示句子的终结，还可以表达对听者是否尊敬。表达对听者是否尊重的敬语法被称为相对敬语法（상대높임법）。相对敬语法主要通过谓词词干与不同形式的终结词尾的结合来实现。根据句子使用的场合为正式场合还是非正式场合、话者与听者的身份、地位高低以及亲疏关系等的不同，谓词在陈述句、疑问句、感叹句、命令句、共动句中展现出的活用形态也各不相同。

表6-6分别展示动词"보다（看）"和"잡다（抓）"在相对敬语法的不同阶称以

及不同句子类型中的活用形态。《标准国语大辞典》(<표준국어대사전>)认为,"하십시오체"中的共动句的终结词尾为"-(으)ㅂ시다"。"-(으)ㅂ시다"虽然属于尊敬阶,但是在实际生活中,如果对长辈使用会显得没礼貌。有一些学者认为"하십시오체"中的共动句不存在固有的形式。依据学校文法(학교문법)的规定,当郑重邀请或向长辈提议一起做某事时,通常会使用"-(으)시지요"来表示。鉴于"하십시오체"中的共动句存在争议,因而在表6-6中,我们使用中括号来标记。表6-6中的叉号说明"하십시오체"中的感叹句不存在固有的形式,表示感叹时,可以在"하십시오체"的陈述句终结词尾"-ㅂ니다/-습니다"后添加助词"그려",形成"-ㅂ니다그려/-습니다그려",但这一用法并不常见。

表6-6 相对敬语法的主要阶称及终结词尾体系

	해라체 (基本阶)	하게 (准平阶)	하오체 (微敬阶)	하십시오체 (尊敬阶)	해요 (相对敬阶)	해체 (不定阶)
평서문 (陈述句)	본다.	보네.	보오.	봅니다.	봐요.	봐.
	잡는다.	잡네.	잡으오.	잡습니다.	잡아요.	잡아.
의문문 (疑问句)	보느냐?	보는가?	보오?	봅니까?	봐요?	봐?
	잡느냐?	잡는가?	잡으오?	잡습니까?	잡아요?	잡아?
감탄문 (感叹句)	보는구나!	보는구먼!	보는구려!	×	봐요!	봐!
	잡는구나!	잡는구먼!	잡는구려!	×	잡아요!	잡아!
명령문 (命令句)	보아라!	보게!	보오!	보십시오!	봐요!	봐!
	잡아라!	잡게!	잡으오!	잡으십시오!	잡아요!	잡아!
청유문 (共动句)	보자.	보세.	갑시다.	[가시지요.]	봐요.	봐.
	잡자.	잡세.	잡읍시다.	[잡으시지요.]	잡아요.	잡아.

上表6-6中的"阶称"用来表示说话者与听者之间尊卑、亲疏等关系。无论是哪种类型的句子,都会存在与此相对应的阶称。阶称大体上可以分为基本阶、准平阶、微敬阶、尊敬阶、相对敬阶以及不定阶6种。如表6-7所示,根据使用环境为正式场合还是非正式场合,这些阶称又可以分为正式体与非正式体。正式体(격식체)是指在正式的、较为庄重严肃或彼此较为陌生的场合下使用的一种语言表达形式。非正式体(비격식체)是指在非正式的、较为随意或是彼此较为亲近的场合下使用的一种语言表达形式。基本阶、准平阶、微敬阶、尊敬阶属于正式体,相对敬阶以及不定阶属于非正式体。此外,按照尊重的程度不同,这些阶称又可被分为最高对上(아주높임)、一般对上(예사높임)、一般对下(예사낮춤)、最低对下(아주낮춤)[①]4种。最高对上是指,对话时

---

① 李德春.韩国语语法教程[M].上海:上海外语教育出版社,2009:449.

使用对听者最为尊敬的语言表达形式，主要用于对第一次见面的人、对长辈、对上级、店员对客人或会议、演说、发表、讨论、报告等正式场合以及其他需要特别尊敬或客气的场合。一般对上是指，对话时使用对听者比较尊敬的语言表达形式，它是说话者在不降低自己身份的同时，适当尊敬听者的一种特殊的敬语形式，主要用于关系较为亲近但不是非常随意的平辈之间，也可以用于长辈对晚辈表示客气或亲切的场合。一般对下是指，对话时对听者使用普通卑称，即稍微降低听者身份的一种语言表达形式，主要用于关系比较亲近又比较随意的平辈之间，也可用于长辈对晚辈的场合。最低对下是指，在对话时，完全降低听者的身份，对听者不使用敬语的一种语言表达形式，主要用于不需要客气的场合，例如，大人对小孩，小孩之间或是十分亲近、随意的平辈之间。基于阶称、对话场合以及尊敬的等级，韩国语的相对敬语法可以有如下几种类型。

表6-7 韩国语的相对敬语法体系

尊敬的等级 （높임 등급）		正式体 （격식체）	非正式体 （비격식체）	尊敬的等级 （높임 등급）
尊敬 （높임）	最高对上（아주높임）	尊敬阶（합쇼체）	相对敬阶 （해요체）	可代替尊敬阶、微敬阶的阶称 （두루높임）
	一般对上（예사높임）	微敬阶（하오체）		
不尊敬 （안 높임）	一般对下（예사낮춤）	准平阶（하게체）	不定阶 （해체）	可代替准平阶与基本阶的阶称 （두루낮춤）
	最低对下（아주낮춤）	基本阶（해라체）		

资料来源：部分参考김정숙，박동호 외.외국인을 위한 한국어문법 1[M].서울：커뮤니케이션북스，2005：14。

词尾中既存在出现于句末、具有完结句子功能，以及表达对听者是否尊敬的终结词尾，也存在不位于句末，用来连接分句与分句、谓词与谓词的非终结词尾。

(99) a. 우리는 스케이트를 타<u>고</u> 노래를 불렀다.
　　　我们边溜冰边唱歌。
　　b. 나는 뉴스를 보<u>면서</u> 저녁을 먹는다.
　　　我一边看新闻一边吃晚饭。
　　c. 이 음식은 맛이 <u>없으니</u> 다음에는 먹지 말아요.
　　　这个食物不好吃，下次不要吃了。
　　d. 어머니 생신이 어제였<u>는데</u> 무슨 선물을 드렸어요?
　　　妈妈昨天生日，(你)送了什么礼物?
　　e. 동생은 책을 읽<u>고</u> 있어.
　　　弟弟在看书。
　　f. 내년에 아내 직장때문에 외국에 가<u>게</u> 되었다.
　　　因为工作关系，妻子明年要去国外。

例（99）中的词尾"-고，-면서，-으니，-는데，-고，-게"附加在词干之后，在句中起连接作用，像这样的词尾称为"连接词尾"。根据连接词尾所呈现的语法功能的不同，可以分为对等形连接词尾、从属形连接词尾以及辅助形连接词尾。例（99）a、b中的"-고，-면서"表示同时进行，像这样连接两个或两个以上的分句，表示并列关系的词尾就是"对等形连接词尾"。此外，连接两个或两个以上的分句，表示对立、选择等关系的词尾也属于"对等形连接词尾"，如"-（으）며，-지만，-（으）나"等。还有一种连接词尾，其连接的分句内容正好相反，如"-든지~-든지（가든지 오든지）""-거나~-거나（가거나 말거나）"等，像这样的词尾也属于对等形连接词尾。与例（99）a、b不同，例（99）c、d中的词尾"-（으）니，-는데"表示因果、转折关系。像这样，位于分句与分句之间，表示因果、让步、条件、意图、前提等从属关系的词尾被称为"从属形连接词尾"。与前两种连接词尾不同，像例（99）e、f中的词尾"-고，-게"这样，用于连接本谓词与辅助谓词，为本谓词添加各种语法意义的词尾被称为"辅助形连接词尾"。

此外，接在谓词词干之后，能够改变谓词的语法功能，使其临时具有其他词性特征的词尾称为"转成词尾（전성어미）"。转成词尾根据其赋予谓词的词性及功能的不同，可再分为定语词尾（관형사형 어미）、名词形词尾（명사성 어미）以及副词形词尾（부사성 어미）三类。

(100) a. 그 일을 끝난 팀은 교실에 먼저 가거라.
　　　　做完那件事情的队伍首先回教室。
　　　b. 공부해야 할 과목이 아직도 많다.
　　　　仍然还有很多科目需要学习。
　　　c. 밥을 먹기 싫으면 과일이라도 먹어.
　　　　如果不想吃饭，哪怕是水果也要吃一点。
　　　d. 철수는 싫고 좋음이 분명한 사람이다.
　　　　哲秀是爱憎分明的人。
　　　e. 꽃이 아름답게 피었다.
　　　　花开得很美丽。

例（100）中的"-ㄴ，-ㄹ，-기，-음，-게"都属于转成词尾，但它们所属的类型稍有不同。像例（100）a、b中的"-ㄴ"与"-ㄹ"这样，接在谓词词干之后，使其具备冠形词性质，在句中能够充当定语成分的词尾称为"定语词尾"。定语词尾主要包含"-（으）ㄴ，-던，-（으）ㄹ"等，它们在句中还可以表示时态。像（100）c、d中的"-기"与"-ㅁ"一样，使谓词具有名词性质的词尾称为"名词形词尾"。"-기，-（으）ㅁ"为主要的名词形词尾。像例（100）e中的"-게"一样，使谓词具有副词性质的词

尾被称为"副词形词尾"。"-게"是最具代表性的副词形词尾。

综上所述，根据词尾所处位置的不同，韩国语中的词尾可以分为语末词尾与先语末词尾。根据语法功能的不同，语末词尾又可以分为终结词尾与非终结词尾。终结词尾出现在句末，具有结束句子的功能。根据终结词尾完结句子方式的不同，又可以分为陈述形词尾、疑问形词尾、命令形词尾、感叹形词尾、共动形词尾。非终结词尾无法存在于句末，是用来连接分句与分句、谓词与谓词或者起到转变词性功能的一类词尾。非终结词尾可再次分为连接词尾与转成词尾。根据连接词尾语法功能的不同，可以分为对等形连接词尾、从属形连接词尾、辅助形连接词尾3种。根据转成词尾赋予谓词的不同词性，转成词尾又可以分为定语词尾、名词形词尾以及副词形词尾。韩国语词尾的具体分类情况整理如下（图6-1）。

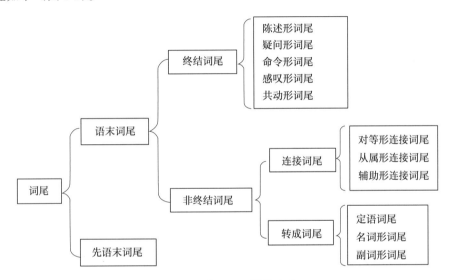

图6-1　韩国语词尾的分类

（四）词干与词尾的结合

在韩国语中，动词、形容词以及叙述格助词"이다"都属于活用词，只是它们活用的形态存在差异。例如，在基本阶的疑问句中，动词"먹다（吃）"的活用形为"먹느냐"；形容词"좁다（窄）"的活用形为"좁으냐"；而以"他是医生吗？"为例，叙述格助词"이다"的形态则将变为"그는 의사이냐?"。此外，并非所有的活用词词干都可以与终结词尾随意进行搭配。

(101) a. 우리는 도서관에서 같이 <u>공부합시다</u>.

　　　我们一起在图书馆学习吧。

b. 우리는 같이 예쁩시다. (×)
c. 우리는 의사입시다. (×)
d. 너무 늦어서 빨리 가거라!
太晚了，快点走！
e. 맑아라 (×)
f. 잡지이어라 (×)

通过观察例（101）a—c不难发现，动词"공부하다"的词干可以与表示共动的终结词尾"-(으)ㅂ십다"连用，但形容词词干以及叙述格助词"이다"的词干却不可以。在例（101）d—f中，形容词词干以及叙述格助词"이다"的词干不能与表示命令的终结词尾"-아라/-어라"结合，但动词"가다"的词干却可以与表示命令的终结词尾"-거라"相结合。

（102）a. 노래를 하면서 일하자.
边唱歌边工作吧。
b. 예쁘면서 (×)
c. 학생이면서 (×)
d. 눈싸움을 하러 왔다.
为打雪仗而来。
e. 예쁘러 (×)
f. 학생이러 (×)

形容词词干以及叙述格助词"이다"的词干受到其词义的限制，既不能与表示命令、共动的终结词尾结合，也不能与（102a）中的连接词尾"-(으)면서"以及（102d）中的连接词尾"-(으)러"结合，而动词词干却不受此限制。通过例（101）与例（102）不难发现，动词词干在与终结词尾或是连接词尾结合时，受到的限制相对较小。与叙述格助词"이다"的词干相比，形容词词干受到的限制相对较小。以辅助形连接词尾"-지"为例，它可以出现在动词和形容词词干后，如"나는 운동장에 가지 않아（我不去运动场）""밖에 춥지 않아（外面不冷）"，却不可以出现在叙述格助词"이다"的词干之后。"我不是学生"这句话，可以用"나는 학생이 아니에요"等形式来表述，但绝不能使用"나는 학생이지 않아（×）"来表述。在与连接词尾结合时，叙述格助词"이다"的词干虽然受到的限制最多，但依然存在能与其搭配使用的词尾。例如，在"나는 학생이자 운동 선수이다（我既是学生又是运动员）"这句话中出现的

对等形连接词尾"-자",就可以与叙述格助词"이다"的词干相结合。再比如,在"그는 여태까지 대학원생이다가 올봄부터 강사가 되었다(他现在还是研究生,从今年春天开始就会成为讲师)"这句话中出现的从属形连接词尾"-다가",就可以放在叙述格助词"이다"的词干之后,只是这样的表述方式不太常见。

第七章
关 系 词

一、助词的特征与种类

（一）助词的特征

助词附着在有自立性的体词或是具有体词功能的成分之后，是表示该词与其他词之间语法关系的一类词。助词虽然没有词汇意义，也无法独立存在于句中，充当句子成分，但助词与体词结合，可以表明体词在句中的功能，帮助体词实现各种语法功能。

(103) a. 저<u>는</u> 공부<u>를</u> 좋아합니다.
　　　　我喜欢学习。
　　　b. 베이징<u>에서</u> 눈<u>이</u> 왔다.
　　　　北京下雪了。
　　　c. 우리<u>는</u> 좋은 친구<u>가</u> 되었다.
　　　　我们成了最好的朋友。
　　　d. 여기서 너희들<u>의</u> 꿈을 활짝 펼치거라.
　　　　在这里实现你们的梦想吧。
　　　e. 나는 도너츠 하나<u>를</u> 먹었다.
　　　　我吃了一个甜甜圈。

在例（103）a中，助词"는"接在代词"저"之后，使得代词成为此句叙述的主题；助词"를"出现在名词"공부"之后，表明"공부"在句中作宾语。在例（103）b中，助词"에서"表示动作进行的场所，接在名词"베이징"之后，使得"베이징"在句中作状语；助词"이"出现在名词"눈"之后，赋予了名词主语的资格，使其在句中充当主语成分。在例（103）c中，"가"接在名词"친구"之后，赋予"친구"补语资

格,使其在句中充当补语成分。例(103)d中的助词"의"位于代词"너희들"之后,赋予"너희들"定语的资格,使其在句中充当定语成分。在例(103)e中,助词"를"添加在数词"하나"之后,使其在句中充当宾语。

　　助词在具体使用时,具有区别于其他词类的一些特征。第一,助词一般没有形态变化,但助词中的叙述格助词"이다"却能够活用,且其活用形态与形容词的活用形态较为相似【例(104)a—c】。第二,一些助词根据先行体词的末尾音节为开音节还是闭音节,会采用语法功能相同但形态不同的变体与体词相结合【例(104)d、e】,这样的助词还有"이/가,은/는,을/를,로/으로"等。第三,在一定规则的支配下,部分助词能够与其他助词连用,构成复合助词【例(104f)】。第四,"의,가,에게"等格助词在与部分代词结合时,能够使代词的形态发生改变【例(104)g、h】。第五,根据口语体、书面语体的不同,助词在使用上也存在差异【例(104)i、j】。例(104)i中的"에게"多用于书面语,而例(104)j中的"한테"仅用于口语。第六,在韩国语口语中,主格、宾格等助词可被缩略或省略,但即使是在口语中,副词格助词也不能被省略【例(104)k、l】。第七,根据体词属性的不同,即使表达相同的语法含义,体词后添加的助词也不尽相同【例(104)m、n】。第八,在韩国语中,同一个助词可以表达不同的含义,如例(104)o、p、q中的"에"分别表示"场所、时间和列举"。最后,助词中存在一种特殊的助词叫添意助词,它们附着在体词、格助词、副词以及词尾之后,起到添加某种辅助意义的作用【例(104)r、s】。

(104) a. 철수는 천재(이)다.
　　　　哲秀是天才。
　　　b. 천재인 철수는 따뜻한 사람이다.
　　　　天才哲秀是一个很温暖的人。
　　　c. 철수는 예전에 천재이었다.
　　　　哲秀以前是个天才。
　　　d. 저와 영미는 이번 여름에 결혼합니다.
　　　　我和英美在今年夏天结婚。
　　　e. 세민과 수미는 이번 여름에 결혼합니다.
　　　　世民和秀美在今年夏天结婚。
　　　f. 제가 이것을 산 곳은 여기에서가 아닙니다.
　　　　这个东西我不是在这里买的。
　　　g. 내 여동생은 부모님께 편지를 썼다. (나의→내)
　　　　我的妹妹给父母写了封信。
　　　h. 누가 새벽에 집에 와서 나를 찾았? (누구가→누가)
　　　　谁会在清晨来家里找我?

i. 나는 민수에게 선물을 주었다.
我给民秀礼物。
j. 나는 민수한테 선물을 주었다.
我给民秀礼物。
k. 아빠(는) 날마다 회사엘 가요. (에를→엘)
爸爸每天去公司。
l. 얼음 물로 변했다.
冰变成了水。
m. 식물에 물을 주었다.
给植物浇了水。
n. 오빠에게 생수 한 병을 주었다.
给了哥哥一瓶水。
o. 철수는 커피숍에 있다.
哲秀在咖啡馆。
p. 철수는 겨울에 하얼빈 여행을 간다.
哲秀冬天去哈尔滨旅行。
q. 철수가 책에, 볼펜에, 장난감에 이것저것 많이 샀어.
哲秀买了书、圆珠笔、玩具等，这个那个买了很多。
r. 눈이 몹시도 내린다.
雪下得非常大。
s. 왜 들어오지도 않고 바로 가려고 하니?
为什么连进都不进来就要走？

世界上存在前置词发达的语言，也存在后置词发达的语言。汉语、英语等属于前置词发达的语言，而韩国语、日语等则属于后置词发达的语言。从语言类型学的角度来看，韩国语的助词属于后置词（postposition），汉语中的介词属于前置词（preposition）。一种语言属于前置词型语言还是后置词型语言，与动词所在的位置以及该语言的基本语序有着密切关系。一般来讲，VO结构的语言前置词较为发达，OV结构的语言后置词比较发达，即动词位于名词前，名词前会出现前置词，而动词位于名词后，名词后会出现后置词。因此，判断一种语言属于前置词发达的语言，还是后置词发达的语言，可以通过句中动词的位置来进行推测。比如，英语（基本语序SVO）和阿拉伯语（基本语序VSO）都属于VO结构的语言，因此可以推测，英语和阿拉伯语应该是前置词较为发达的语言。汉语中不仅存在位于名词前的前置词（介词），而且存在能够使名词置于中间，将其包围的介词短语。例如，"在……上、在……下"。其中，"上"和"下"可以是表示方位的名词，也可以是介词短语的一部分。在韩国语中，表示场所的助词只有"에"，

在表示与汉语中的介词短语"在……上、在……下"相同的含义时，需要在助词"에"前添加"위，밑"等体词，构成"위에"与"밑에"。在英语中，则使用前置词 on、under 来表达与汉语相似的含义。

此外，无论是前置词还是后置词，它们在句中的功能是相似的，都可以与名词结合，表明该名词与句中其他词的语法关系。不仅如此，如例（105）所示，在大多数语言中，前置词或后置词由动词虚化而来的情况居多。

(105) a. 철수는 나<u>하고</u> 영화를 봤다.

　　　　 哲秀和我看了电影。

　　　 b. 他住<u>在</u>无等山附近。

　　　 c. <u>According to</u> Jim, it's a great movie.

　　　　 据吉姆说，这是一部了不起的电影。

（二）助词的种类

根据助词在句中发挥的功能和表达含义的不同，韩国语中的助词主要分为三类：第一类是表示语法关系的格助词（격조사）；第二类为连接两个或两个以上具有相同资格的体词的接续助词（접속조사）；第三类是添加特殊含义的补助词（보조사）。

1. 格助词

名词在句子中所发挥的作用叫作格。在韩国语中，名词的格通过助词来体现，即体词后附加格助词，通过格助词来表示该体词与其他词之间的语法关系。韩国语的格助词主要包含主格（주격조사）、宾格（목적격조사）、叙述格（서술격조사）、补格（보격조사）、冠形格（관형격조사）、副词格（부사격조사）、呼格（호격조사）等7种。

(106) a. 제<u>가</u> 이 일<u>을</u> 먼저 할게요.

　　　　 我先来做这件事情。

　　　 b. 아버지<u>께서</u> 헬스장에서 운동<u>을</u> 하셔요.

　　　　 爸爸在健身房做运动。

　　　 c. 제 남동생은 대학생<u>이다</u>.

　　　　 我的弟弟是大学生。

　　　 d. 이 가방은 철수의 가방<u>이</u> 아니다.

　　　　 这个书包不是哲秀的。

　　　 e. 철수는 나<u>의</u> 티켓<u>까지</u> 뽑아주었다.

　　　　 哲秀连我的票都买了。

f. 호동아, 우리 집에 들어오세요.
　　虎东呀，请进我家。

　　在例（106）a中，"제가"的"가"是主格助词。主格助词是指赋予体词作句中主语资格的助词。当体词以辅音结尾时，选用主格助词"이"；当体词以元音结尾时，选用主格助词"가"。主格助词存在特殊形态，如例（106）b所示，"께서"是"이与가"的敬语形式，话者为了突显对句中主语的尊重，便会选择使用"께서"。当团体、机构作句子的主语时，通常使用主格助词"에서"，例如"학교에서, 회사에서, 우리 팀에서"等。此外，当表示"人数"的体词作主语时，其后要添加表示强调的主格助词"서"，如"혼자서（一个人）, 둘이서（两人）"。例（106）b中的"을"是宾格助词，它能够赋予名词"운동"作他动词"하다"的宾语的资格。当宾格助词前的体词以辅音结尾时，选择宾格助词"을"；当宾格助词前的体词以元音结尾时，选择宾格助词"를"。例（106）c中的"이다"是叙述格助词，它能够使体词具备谓语的资格，对与主语相关的信息进行确认或指定，是格助词中唯一存在词形变化的助词。当体词以元音结尾时，"이다"中的"이"可以省略，如"이 사람은 의사이다/이 사람은 의사다（这个人是医生）"两个句子都是正确的。

　　韩国语中的叙述格助词"이다"与英语中的be动词以及汉语中的"是"具有相似性和差异性。叙述格助词"이다"不具有独立性，它紧贴在体词之后，帮助体词成为句子的谓语。英语中的be动词和汉语中的"是"具有独立性。另外，在英语中，be可以表示"是，存在"等含义，但在韩国语中，"이다"仅表示"是"，表示"存在"的词则为"있다"。在汉语中，"是"既可以当"联系两种事物，表明两者同一或后者说明前者的种类、属性"之义来讲，还兼具"存在"之义，这时，句子的主语通常为表示处所的词，"是"之后为存在的事物，如"别墅前面是一片大海"。

　　例（106）d中的"이"是补格助词，补格助词是赋予体词补语资格的格助词。补格助词在形态上与主格助词并无差异，但它通常受到形容词"아니다"以及动词"되다"的支配。当体词以元音结尾时，使用补格助词"가"；当体词以辅音结尾时，使用补格助词"이"。例（106）e中的"의"是冠形格助词，它是赋予体词定语资格的助词，此例句中的"의"表示一种所属关系。当人称代词"나, 저, 너"与"의"结合时，可以合并写为"내, 제, 네"。在英语中，主要采用"名词+'s"或"名词+of+名词"的形式表示领属关系；在汉语中，领属关系主要通过助词"的"来展现。例（106）f中的"아"是呼格助词，呼格助词是赋予体词称呼语资格的格助词。"아/야"可用于平辈之间、大人对小孩称呼以及对动物或事物的拟人化称呼。当体词以元音结尾时，接呼格助词"야"；当体词以辅音结尾时，接呼格助词"아"。此外，"아/야"的尊敬形式为"여/이여"以及"이시여"，但它们多出现在祈祷文、诗歌中，在日常对话中鲜少涉及。

格助词中还包含一类副词格助词，副词格助词是赋予体词状语资格的格助词。副词格助词的种类繁多，部分副词格助词具有多重含义以及鲜明的文体特征，因此，对于学习韩国语的外国人来说，正确使用副词格助词有一定的难度。

(107) a. 꽃에 물을 주었다.

　　　　给花浇了水。

　　　b. 그는 에코백에서 지갑을 꺼냈다.

　　　　他从帆布包中拿出钱包。

　　　c. 바다로 갑시다.

　　　　去海边。

　　　d. 칼로(써) 배를 깎았다.

　　　　用刀削梨。

　　　e. 나는 태평양처럼 넓은 바다에서 수영을 하는 꿈을 꾸었다.

　　　　我做了一个在和太平洋一样宽广的海上游泳的梦。

　　　f. 올챙이가 개구리로 되었다.

　　　　蝌蚪变成了青蛙。

　　　g. 빨리 가라고 친구가 말했다.

　　　　朋友说走快点儿。

　　　h. 엄마는 친절하게 "천천히 많이 먹어요."라고 말씀하셨다.

　　　　妈妈亲切地说"慢慢吃"。

例（107）中画横线的部分均为副词格助词，但它们表达的含义各不相同。例（107）a中的"에"表示动作涉及的间接对象。"에게，한테，께，더러，보고"等虽然都属于这一类副词格助词，但是它们具体的使用环境不尽相同。"에"主要用在非活动体体词之后，"에게，한테，께，더러，보고"则用于活动体体词之后。其中，"한테，더러，보고"只用于口语中，"에게，께"既可以用于书面语，也可以用于口语。"더러"通常是指发出某种指令，含有"叫，让，向"之义，它通常与"말하다，요구하다，묻다，청하다"等词连用。"께"与"에게"的用法相似，"께"含有尊敬之义，它只能接在被尊敬的体词之后。例（107）b中的"에서"表示行为、动作的起点或出发点，表达相似含义的副词格助词还有"에게서，한테서，로부터，으로부터，께서"等。例（107）c中的"로"表示地点、场所。"에，에서"等副词格助词也表达相似的含义。例（107）d中的"로（써）"是表示工具、手段或材料的副词格助词。体词以元音或是辅音"ㄹ"结尾时，其后添加"로（써）"；体词以辅音结尾时，其后则添加"으로（써）"。例（107）e中的"처럼"表示比较的对象，副词格助词"만큼，보다，

와/과，하고"等也都表达相似的含义，只是它们的侧重点不尽相同。"와/과与하고"多用来表示相同、相异或是共同行动的对象，"하고"多出现在口语中，"만큼，처럼"多表示两个对象彼此相似，而"보다"多用来表示两者在程度上显现的差异。例（107）f中的"로"与例（107）c和例（107）d中的"로"所表达的含义不同，这里的"로"表示动作转成、经由或是变化的结果。例（107）g中的"고"接在"–다，–냐，–라，–자"等词尾之后，是表示间接引用的副词格助词。例（107）h中的"라고"是表示直接引用的副词格助词。

2. 接续助词

将两个或两个以上的体词按照并列关系连接起来，使它们在句中作相同成分的助词被称为接续助词（접속조사）。如例（108）所示，"와/과，하고，(이)며，에다，(이)랑"都具有连接体词的功能，因此都属于接续助词。这里需要注意，例（108）e中的"에다"是"에다가"的缩略形式，它表示在某一事物或某件事情上附加另一事物或另一件事情。

(108) a. 철수<u>와</u> 나오코는 내 친구입니다.
哲秀和直子是我的朋友。
b. 어버이날 선물로 꽃<u>하고</u> 보양식을 받았다.
作为父母节的礼物，我收到了花和补品。
c. 아이가 코<u>며</u> 눈<u>이며</u> 제 아빠를 그대로 닮았다.
孩子的鼻子和眼睛和他爸爸完全一样。
d. 오늘 저녁에 친구<u>랑</u> 영화 보러 간다.
今天晚上和朋友去看电影。
e. 수미는 생일 선물로 연필<u>에다</u> 가방<u>에다</u> 이것저것 많이 받았다.
作为生日礼物，像是铅笔、包，这个那个，秀美得到了很多。

接续助词"와/과"与副词格助词"와/과"虽然在词形上一模一样，但是它们所含有的语法意义不尽相同。当作为接续助词出现时，它们连接两个并列的且具有同等资格的体词，而作为副词格助词出现时，它们则表示比较的对象。在接续助词中，有些用于日常对话或是小说对白等口语体中，有些仅用于说明文、议论文或小说引文等书面语中。例如，表示共动或是列举的"하고"以及"(이)랑"仅用于口语体中，而在书面语中，通常用"와/과"来替代。像这样的现象也存在于格助词当中。例如，表示行为、动作涉及的对象的"에게"与表示行为、动作的出发点的"에게서"，这两个副词格助词多用于书面语中，而在口语中则分别用"한테"与"한테서"来代替。

此外，在口语中，无论是接续助词还是主格助词、宾格助词、副词格助词、冠形格

助词，它们既存在可以省略的情况也存在难以省略的情况。例如，在例（109）a中，虽然省略了主格助词与宾格助词，但并不影响听者对句义的理解。通过"운동（을）하고 있다"这部分可知，"이 학생"在句中作主语。通过"운동"之后连接的谓语"하고 있다"可以断定，"운동"在句中作宾语。例（109）b—e分别是省略叙述格助词、副词格助词、冠形格助词以及接续助词的例子。

(109) a. 이 학생(이) 무슨 운동(을) 하고 있니?
　　　这位学生在做什么运动？
　　b. 철수는 수영 선수(이고), 영희는 배구 선수입니다.
　　　哲秀是游泳选手，英熙是排球选手。
　　c. 어디(에)가세요?
　　　去哪里？
　　d. 우리(의)교실
　　　我们的教室
　　e. 빵(하고), 우유를 가졌다 주세요.
　　　请帮我带来面包和牛奶。

需要注意，主格助词、宾格助词、冠形格助词、副词格、接续助词并非在任何情况下都能省略。如例（110）a—d所示，例（110）a中的"이"表示的是新信息，例（110）b中的"를"表示焦点，因而它们不能省略。例（110）c中的"의"也不能省略，因为只有在表示"所有关系"或是"整体与部分"的关系时，"의"才可能省略。例（110）d中的副词格助词"로"在表示"动作转成、经由或是变化的结果"时，也不能省略。例（110）e中的接续助词"와"可以省略，但是必须加上逗号来加以区分。

(110) a. 오늘의 바로 그날이다.
　　　今天就是那天。
　　b. 저는 바나나를 가장 좋아합니다.
　　　我最喜欢香蕉了。
　　c. 일의 결과
　　　事情的结果
　　d. 얼음이 녹아서 물로 변했어요.
　　　冰化成了水。
　　e. 철수는 운동, 공부, 노래를 잘한다.
　　　哲秀擅长运动、学习和唱歌。

3. 补助词

补助词（보조사）附加在体词之后，为其添加一些辅助意义，因此又叫作"添意助词"。补助词并不像格助词那样，可以表示词与词之间的语法关系，决定体词在句中充当何种句子成分，它们仅起到增加某种辅助意义的作用。补助词不仅能够添加在体词之后，而且还能附加在词尾、格助词以及副词之后。补助词包括"만, 은/는, 도, 부터, 까지, 조차, 마다, (이)나, (이)라도, (이)든지, 마저, (이)나마"等，它们所表达的含义十分丰富。

(111) a. 철수는 의사이고 영희는 교사입니다.
哲秀是医生，英熙是教师。
b. 교실에서만 철수를 만날 수 있습니다.
只有在教室才能看到哲秀。
c. 너마저 나를 버리다니?
怎么连你也抛弃我？
d. 버스가 없으면 자전거나 타자.
如果没有公交车，就骑自行车吧。
e. 그는 피곤한지 밥을 먹지도 않고 일찍 잠들었다.
他可能是困了，饭都没吃早早睡了。

如例 (111) 所示，名词"철수和영희"、副词格助词"에서"、代词"너"、名词"자전거"后，分别添加了补助词"는, 만, 마저, 나"。例 (111) a 中的"는"表示"对照或主题"，当体词的最后一个音节含有收音时，则使用"는"的交替形态"은"。例 (111) b 中的"만"表示"限定或排他"，相当于汉语中的"只有"。"밖에, 뿐"也表达类似的含义。例 (111) c 中的"마저"表示"包括或添加"，此句并非仅陈述"你抛弃我"的这一事实，它把说话人认为不可思议以及感到失望的内心情感也表达得淋漓尽致。除"마저"之外，"도, 조차, 까지, 마다"也表达"包含"之义。"도"除了"包含"这层含义之外，还可以表达"让步、强调、感叹、程度"之义。"조차, 까지, 마저"相当于汉语中的"连……都"，但三者在具体使用时还是存在细微差别的。"마저"含有强调的意味，多用于带有否定或消极意义的句子中，表示"连最后一个也包括进去"。"조차"多表示出乎意料的事实，既可以用在含有否定、消极意义的句子中，也可以用于含有肯定、积极意义的句子中，它通常不用于命令句或共动句。"까지"与"조차"类似，既可以用在表示否定、消极意义的句子中，也可以用于表示肯定、含有积极意义的句子中。此外，与"조차"不同的是，"까지"可以表示意料之中的事实。

"마다"相当于汉语中的"每"。例（111）d中的补助词"나"表示"从一定范围内的几种事物中选择其中一种"。具体来说，当表示"退而求其次"的选择时，可以使用"나 或이나"。除了"나/이나"之外，"나마/이나마, 라도/이라도, 든지/이든지"也都含有"选择或让步"之义。当没有满意的选项，迫不得已、不情愿地做出选择时，主要使用"나마/이나마或라도/이라도"，而当表示在几个选项中随便选一种时，则可以使用"든지/이든지"。例（111）e中的补助词"도"位于连接词尾"-지"与辅助形容词"않다"之间，表示"强调"。

补助词中还存在一类仅放在句子末尾的补助词。如例（112）a中的表示对听者尊重的"요"，例（112）b中的表示转折的"마는"，例（112）c中的表示感叹的"그려"，均属于出现在短语或是句子谓语后面的补助词。像例（111）所列举的"는，만，마저，나"一样，能够附着在名词、副词、连接词尾之后的补助词叫作"通用补助词（통용보조사）"，而像例（112）一样，只能放在句末的补助词被称为"终结补助词（종결보조사）"。

(112) a. 가을이 왔어<u>요</u>.
　　　秋天来了。
　　b. 열심히 공부했다<u>마는</u> 성적이 좋지 않다.
　　　虽然努力学习了，但成绩还是不好。
　　c. 비가 왔네<u>그려</u>.
　　　下雨了！

如前所述，助词通常被分为格助词、接续助词、补助词三类。助词的大致分类情况如表7-1。

表7-1　韩国语助词的种类

	助词的类别		例子
助词	格助词	主格	이/가, 께서, 에서, 서/이서
		宾格	을/를
		叙述格	이다
		冠形格	의
		补格	이/가
		副词格 时间	에
		地点、场所	에, 로/으로, 에서
		动作涉及的对象	에, 에게, 께, 더러, 보고

续表

助词的类别				例子
助词	格助词	副词格	行为、动作的出发点	에게서，한테서，께서，로부터/으로부터
			工具、材料或手段	으로/로，로써/으로써
			比较的对象	와/과，하고，만큼，처럼，보다
			原因	로/으로，에
			资格	로/으로，로서/으로서
			引用	라고，고，하고
		呼格		아/야，여/이여，시여/이시여
	接续助词			와/과，하고，랑/이랑，며/이며，에다(가)
	补助词	比较		은/는，커녕
		包括或添加		도，조차，마저，마다，까지，서껀
		选择或让步		나/이나，라도/이라도，든지/이든지，나마/이나마
		限定或排他		밖에，뿐，만
		强调		은/는，도，야말로/이야말로

二、助词的结合

从"광주에도 콘서트가 있다（光州也有演唱会）"这句话可以发现，副词格助词"에"与补助词"도"可以连用。在韩国语中，助词连用的现象非常普遍。再比如，例（113）a中表示场所的副词格助词"에서"后分别添加了补格助词"가"、叙述格助词"이다"的词干"이-"，实现了助词之间的连用。例（113）b是副词格助词"에서"与冠形格助词"의"相结合的例子。例（113）c中的副词格助词"에게"与"로"相结合，表示行动涉及的对象。此外，格助词不仅可以出现在补助词之前，还可以出现在补助词之后。例如，在例（113）d中，宾格助词"을"出现在补助词"만"之后，表示强调。例（113）e为补助词连用的例子。

(113) a. 커피를 처음 마신 것은 서울<u>에서가</u> 아니고 부산<u>에서였습니다</u>.
（我）第一次喝咖啡不是在首尔而是在釜山。

b. 한국 대학<u>에서의</u> 중국어학과 인기가 많습니다.
韩国大学的中文专业很受欢迎。

c. 이 행운은 누구<u>에게로</u> 갈 것인지 참 궁금하다.

这份幸运会降临在谁的身上真的很好奇。

d. 그 책<u>만을</u> 살 수 없습니다.

只有那本书没法儿买。

e. 이 가방<u>만은</u> 싸요.

只有这个包便宜。

第八章
修饰词与独立词

　　修饰词是放在体词或谓词前，对体词或谓词进行修饰或限定的词。根据修饰词所修饰或限定的中心语是体词还是谓词，可以将修饰词分为冠形词（관형사）和副词（부사）。

一、冠形词的特征与种类

　　冠形词用于体词之前，是表明体词的性质、分量等的词。"새, 헌, 이, 저, 모든, 여러, 몇, 순"等都属于冠形词。如例（114）所示，冠形词具有以下特征。第一，冠形词出现在体词之前，修饰体词，属于附属成分，在句中作定语。但需要注意，并非所有体词都能接受冠形词的修饰，例如，固有名词"한강（汉江）,한라봉（丑橘）,무등산（无等山）"、表示状态的名词"곤란（困难）,공평（公平）,신성（神圣）"等，均无法接受冠形词的修饰。第二，当两个冠形词同时出现在句中时，前一个冠形词并非修饰后一个冠形词，而是修饰后一个冠形词所在的词组。例如，例（114）b中的指示冠形词"저"并非修饰性状冠形词"새"，而是修饰"새"所在的名词词组"새 건물"。第三，除特殊情况以外，冠形词在句中的形态不会发生改变。第四，冠形词不可以与助词搭配使用，但与冠形词同属于修饰词的副词却能够与助词连用。例如，在"왜 아직도 안 오세요（为什么现在还没有来）？"这句话中，副词"아직"后可以出现补助词"도"，表示"强调"。最后，冠形词中既包含固有词系列的冠形词，也包含汉字词系列的冠形词。汉字词系列的冠形词在数量上要多于固有词系列的冠形词。如例（114）所示，"헌, 새, 저, 이, 그, 두"等冠形词属于固有词系列的冠形词，而"전, 각, 본"等冠形词属于汉字词系列的冠形词。

(114) a. 헌 옷을 벗고 새 옷으로 갈아입었어요.
脱下旧衣换上新衣。
b. 저 새 건물이 수립방입니까?
那栋新建筑是水立方吗?
c. 이 예쁜 스카프는 마음에 들어서 포장해 주세요.
很喜欢这条漂亮的围巾，请帮我包起来。
d. 그 두 사람에게 책을 주어라.
把书给那两个人。
e. 이 영화는 전(全)세계에 동시 상영합니다.
这部电影全球公映。
f. 정부가 각(各) 가정에 지원금을 주었다.
政府给每个家庭发放了援助金。
g. 본(本) 프로그램을 시청해 주셔서 감사합니다.
感谢聆听本节目。

依据意义与功能不同，冠形词可以被分为数量冠形词（수량관형사）、指示冠形词（지시관형사）、性状冠形词（성상관형사）三类。

（一）数量冠形词

数量冠形词又叫作数冠形词（수관형사），是修饰后续体词的数量或顺序的词。数量冠形词主要与单位性依存名词结合，部分数量冠形词可以直接放在自立名词之前。

(115) a. 한,두,세/서/석,네/너/넉,다섯/닷,여섯/엿,열한,스무,일,이,이십
b. 한두,두어/두세,서너,두서너,일이,이삼,삼사
c. 여러,갖은,온갖,모든,온,반(半),전(全)

例（115）a中的数量冠形词属于单纯词，而例（115）b中的数量冠形词属于复合词。此外，例（115）b中的"한두, 두어/두세"等合成词数量冠形词（합성어 수관형어）与例（115）c中的数量冠形词"여러, 갖은"等都属于表示不定数量（부정수）的冠形词。数量冠形词与单位性依存名词结合时，其词形一般不会发生改变，但部分数量冠形词的词形会发生变化。例如，数词"하나, 둘, 셋, 넷, 다섯, 여섯...열하나, 열둘, 열셋, 열넷...스물...여럿"等，在作数量冠形词时，会分别变为"한, 두, 세, 네, 닷, 엿, ...열한, 열두, 열세, 열네, ...스무, 여러"。此外，当"세, 네"与单位性依存名词"말(斗)"结合时，"세, 네"要分别变为"서, 너"。当"세, 네"与单位性

依存名词"장（张）"结合时，"세，네"要分别变为"석，넉"。"다섯，여섯"在与单位性依存名词"말（斗）"结合时，其形态可以变为"닷，엿"，但此变化是随意性的，不做严格的要求。另外，数量冠形词中也存在汉字词。例如，例（115）a中的"일，이，이십"，例（115）b中的"일이，이삼，삼사"与例（115）c中的"반（半），전（全）"都属于汉字词数量冠形词（한자어 수량관형사）。

数量冠形词与数词在形态上很相似，但两者用法截然不同。判断一个词是数词还是数量冠形词，可以通过其后能否添加助词来进行判断。如果能够添加助词，则该词为数词；如果不能添加助词，则该词为数量冠形词。例如，例（116）a中的"다섯"与例（116）c中的"둘째"都能够与助词搭配使用，因而它们是数词。例（116）b中的"다섯"与例（116）d中的"둘째"均无法与助词搭配使用，它们分别修饰名词"학생"与"일요일"，因而是数量冠形词。

(116) a. 학생 다섯이 망고스틴을 샀다.
　　　　五个学生买了山竹。
　　　b. 다섯 학생이 망고스틴을 샀다.
　　　　五个学生买了山竹。
　　　c. 새치 벌써 둘째를 뽑았어.
　　　　已经拔掉两根白头发了。
　　　d. 우리는 다음 달 둘째 일요일에 파티를 하기로 했어요.
　　　　我们下个月的第二个星期日打算开派对。

（二）指示冠形词

指示冠形词通常用来指示谈话现场或是谈话中提及的某一对象。从词源来看，指示冠形词也分为固有词系列的指示冠形词和汉字词系列的指示冠形词。

(117) a. 이, 요, 이런, 그, 고, 그런, 저, 조, 저런, 다른
　　　b. 무슨, 딴, 어느, 웬
　　　c. 현（现）, 전（前）, 귀（贵）, 해（该）, 동（同）, 본（本）, 모（某）

例（117）a、b中的指示冠形词属于固有词指示冠形词（고유어 지시관형사），例（117）c中的指示冠形词属于汉字词指示冠形词（한자어 지시관형사）。例（117）a中的"이，그，저"分别为近称、中称与远称。"요，고，조"是"이，그，저"的轻小形（작은말）。"이런，그런，저런"虽然是形容词"이렇다，그렇다，저렇다"的冠形

词形"이러한，그러한，저러한"的缩略形态，但它们不被当作冠形词形，而是当作冠形词来处理。例（117）b中的指示冠形词属于含有"疑问或不确定"之义的不定称。其具体含义分别为"什么""别的，其他的""哪个，某""哪来的，干什么的"。例（117）c中的汉字词指示冠形词，通常用于书面语或是仿古语体中，如"전 농협 회장（前农协会长）""현 대통령（现总统）""귀 신문사（贵报社）""해 사건（该事件）""동 회사（同公司）""본 협회（本协会）"、"모 소식통（某消息灵通的人士）"等。

另外，韩国语中部分冠形词的形态与前缀的形态一模一样，但用法却各不相同。第一，冠形词属于独立的词类，和其修饰的体词之间需要隔写，但前缀作为不能独立存在的形式词素，则需要紧贴在词根前书写。第二，冠形词与其修饰的体词之间能够添加其他词，而前缀与词根之间则不能。第三，冠形词仅能出现于体词之前，但前缀不仅能出现在体词前，还能作为词干的一部分，出现在谓词的词根之前。第四，冠形词能够广泛地用在名词前，而前缀的使用范围受限。最后，冠形词不受音节限制，常见的冠形词通常为1~3个音节，但前缀则以单音节居多。以"귀（贵）"为例，通过以上几点可以判断出，它在"귀 신문사（贵报社）"中是冠形词，但在"귀금속（贵重金属），귀부인（贵妇人）"中则为前缀。

此外，指示冠形词"이，그，저"与指示代词"이，그，저"从形态上看虽然一模一样，但是指示冠形词不像代词那样，具有独立性，能与格助词结合，表示一定的语法关系。指示冠形词在句中属于附属成分，仅起修饰作用。例如，在"이는 상상할 수 없는 결과다（这是无法想象的结果）"这句话中，"이"为指示代词，它与格助词"는"结合，表示句子的主题；而在"이 결과는 상상할 수 없다（这个结果无法想象）"这句话中，"이"无法与助词结合，它在句中修饰名词"결과"，因而这句话中的"이"为指示冠形词。

（三）性状冠形词

性状冠形词是用来修饰体词所指事物的性质或状态的一类冠形词。如例（118）所示，从词源上来看，性状冠形词也分为固有词系列与汉字词系列。

(118) a. 새（新）헌（旧）옛（古）윗（上）첫（第一次）오른（右）왼（左）외딴（偏僻的）

b. 순（纯）고（故）만（满）각（各）단（单）간접적（间接地）대조적（对照的）

例（118）a中的性状冠形词属于固有词系列，例（118）b中的性状冠形词属于汉字

词系列。例（118）b中的"순，고，만，각，단"是由一个音节构成的性状冠形词。"간접적,대조적"是在名词"간접,대조"之后添加后缀"-적"构成的两个音节以上的汉字词性状冠形词。此外，部分汉字词性状冠形词与部分单词中的汉字词前缀的形态相同。例如，"순수（纯粹）"中的"순"与例（118）b中的性状冠形词的形态完全一致，但它并非冠形词，而是构成单词的前缀。类似的性状冠形词还有"대"。虽然词典中将"대"当作前缀处理，但我们认为在"대 로마제국（大罗马帝国）、대 고구려（大高句丽）"中，"대"应当被当作性状冠形词来处理。因为只有放在体词前，修饰体词，在句中能够充当定语成分的词才能被称为冠形词，像"새 옷（新衣），첫 번째（第一），외딴 길（偏僻的小路），순 살코기（纯瘦肉），고 김선생（已故的金先生），만 이틀（整整两天），각 학교（各个学校），단 며칠（就几天）"中的"새，첫，외딴，순，고，만，각，단"才是冠形词。

（四）冠形词的结合

在实际使用过程中，会出现两类或两类以上的冠形词连用的情况，此时冠形词的排列顺序须遵循一定的规则。当冠形词与体词属性的关联性较弱时，通常情况下排序靠前。①如例（119）所示，在韩国语的三类冠形词中，指示冠形词与体词属性的关联性最弱，因而指示冠形词通常放在最前面；第二为数冠形词；由于性状冠形词用来修饰体词的性质或状态，它与体词属性的关联性最强，因而放在最后。

(119) a. 그녀는 <u>이 새</u> 앨범을 보물처럼 아낍니다.
她像宝物一样爱惜这张新专辑。
b. <u>저 두</u> 사람은 정말 수상해요.
那两个人真的很可疑。
c. <u>이 모든 헌</u> 물건을 인터넷 쇼핑몰에서 사 왔다.
这所有的旧物都是在网上商城买的。

当指示冠形词与性状冠形词或是指示冠形词与数冠形词同时出现在句中时，汉语、英语的语序与韩国语的语序是一致的，均为"指示冠形词+性状冠形词+名词""指示冠形词+数冠形词+名词"。只是，在汉语中，指示冠形词与性状冠形词之间需要借助量词实现连接，数冠形词与后面被修饰的名词之间也需要借助量词才能实现结合。

---

① 고영근, 구본관.우리말 문법론[M].서울: 집문당, 2018: 127.

二、副词的特征与种类

副词是位于谓词或句子之前，用来修饰谓词或句子的一类修饰词。第一，如例(120)所示，副词的主要功能为修饰、限定谓词或句子，使谓词或句子的含义更加明确。同时，它还可以修饰和限定副词、冠形词、体词等。当副词修饰副词时，前面的副词通常表示程度。此外，并非所有的副词都能限定、修饰冠形词、名词。第二，与冠形词不同，副词后可以添加补助词，但不能添加格助词。需要强调的是，在对话中会出现"빨리를 오너라（快点过来）！"这样的句子，"를"虽然是格助词，但在此句中"를"不充当宾语成分，而是发挥补助词的功能，表示强调。第三，副词不仅可以连接词与词组，还可以连接句子。第四，副词在句子中主要充当状语成分，但有时也可独立成句。最后，副词之后可以添加后缀"-들"，以表示句中的主体为复数。

(120) a. 무궁화호 열차가 <u>빨리</u> 지나갔다.
　　　　无穷花号列车快速驶离。
　　　b. 작년 여름은 <u>너무</u> 더웠다.
　　　　去年夏天非常热。
　　　c. <u>과연</u> 이 약이 효과가 있습니까?
　　　　这药果真有效果吗?
　　　d. 철수는 오토바이를 타고 <u>무척</u> <u>빨리</u> 달립니다.
　　　　哲秀骑摩托骑得非常快。
　　　e. <u>아주</u> 새 스카프이다.
　　　　非常新的围巾。
　　　f. 여기가 <u>바로</u> 내 학교입니다.
　　　　这里就是我的学校。
　　　g. 나한테 <u>너무도</u> 버거웠던 날은 지난 주 토요일이었다.
　　　　对我来说最吃力的一天是上周六。
　　　h. 철수는 방울토마토 <u>그리고</u> 호밀빵을 먹었어.
　　　　哲秀吃了小西红柿和黑麦面包。
　　　i. 출근하는 길에 차가 많이 밀렸다. <u>그래서</u> 나는 지각했어요.
　　　　上班路上车太堵，所以我迟到了。
　　　j. 빨리! 빨리!
　　　　快点! 快点!

k. 여러분, <u>어서들</u> 오너라!
대家快过来！

  部分副词的使用会受到语法规则的制约。如例（121）a 所示，副词"아주"受到句子类型的制约，不能出现在命令句或是共动句中。与"아주"相似，副词"왜，매우"等也受句子类型的制约。"왜"主要出现在疑问句中，"매우"则与"아주"一样，主要出现在陈述句和疑问句中。例（121）b 中的"전혀"与副词"결코，절대"一样，主要与含有否定含义的表达一起出现。例（121）c 中的"만약"与"만일，가령"等副词类似，主要和表示假设的连接语尾"-（이）라면，-（으）면"等搭配使用。例（121）d 中的"벌써"与"이미"相同，只出现在表示过去时态的句子中。

(121) a. 쌉쌀한 맛이 있는 녹차가 <u>아주</u> 좋다.
    略有苦味的绿茶很好。
   b. 수미가 회사를 그만두었다는 사실을 나는 <u>전혀</u> 몰랐다.
    我完全不知道秀美从公司离职的事情。
   c. 내가 <u>만약</u> 제때에 도착하지 않<u>으면</u> 너 먼저 출발해.
    我如果没有按时到，你就先出发吧。
   d. 우리가 서로 알고 지낸 지 <u>벌써</u> 20년이 되었네.
    我们已经认识二十多年了。

  根据副词修饰范围的不同，韩国语中的副词可以分为成分副词（성분부사）以及句子副词（문장부사）。

（一）成分副词

  成分副词是修饰句子中某一特定成分的副词，位于被修饰成分之前，在句中的位置较为固定。根据意义上的差异，成分副词又可以分为性状副词（성상부사）、指示副词（지시부사）以及否定副词（부정부사）。

1. 性状副词

  性状副词是用来修饰、限定谓词的状态或程度的一类成分副词。此外，性状副词还可以修饰表示程度、位置或者数量的体词。

(122) a. 잘 (잔다) 높이 (평가한다) 거의 (도착한다) 열심히 (일한다)
    好   高高地   几乎；差不多 热诚地；专心致志地

b. 무척 （힘들다）　　아주 （예쁘다）　　너무 （좋다）　　가장 （훌륭하다）
很；相当　　　　　很；非常　　　　　太；过于　　　　最；极；非常

c. 바로 （앞, 위, 아래） 겨우 （하나, 하루）　　아주 （미인, 부자）
就；即　　　　　　　好不容易；勉强　　　很；非常

바로 （나, 여기…）
就；即

d. 아주 （헌, 새）
很；非常

e. 아삭아삭　　졸졸　　　덜커덩덜커덩　　쿨쿨　　　둥둥
咔嚓咔嚓　　潺潺　　　咣当咣当　　　　呼呼　　　咚咚

f. 살금살금　　번쩍번쩍　　폴짝폴짝　　　헐레벌떡　　엎치락뒤치락
悄悄地　　　一闪一闪　　一蹦一蹦　　　气喘吁吁地　翻来覆去地

例（122）a 是性状副词修饰动词的例子，例（122）b 是性状副词修饰形容词的例子，例（122）c 是性状副词修饰名词或代词的例子。其中，"바로"能够出现在表示位置的体词以及代词之前，"겨우"可以与表示数量的名词搭配使用，"아주"能够与普通名词连用。性状副词能够修饰体词，但并非所有体词都能接受性状副词的修饰，能够修饰体词的性状副词一般为表示程度的副词。例（122）d 中的性状副词"아주"修饰性状冠形词"헌, 새"等，以表示"新或旧"的程度。另外，性状副词中还存在一类象征副词（상징부사）。象征副词具体分为模仿事物声音的拟声副词（의성부사）与模仿事物动作的拟态副词（의태부사）。无论是例（122）e 中的拟声副词，还是例（122）f 中的拟态副词都可以修饰谓词，因而它们被归为性状副词这一类。

2. 指示副词

指示副词是用来指示处所、方向、时间，以及指代前面提及的内容的一类成分副词。

(123) a. 이리　　그리　　저리　　요리　　고리　　조리
这边　　那边　　那边　　这里　　那里　　那里

b. 오늘　　내일　　어제　　그저께　　엊그저께　　작년　　아까　　요즘
今天　　明天　　昨天　　前天　　　几天前　　　去年　　刚才　　最近

c. 어찌　　언제
怎么　　什么时候

例（123）a是表示"处所、方向"的指示副词，例（123）b是表示"时间"的指示副词，例（124）c是表示"未知或不定"的指示副词。如例（123）所示，在指示副词中，有像例（123）a一样，指示特定对象的指示副词，也有像（123）c一样，指示对象不明确的指示副词。指示副词与指示代词以及指示冠形词等从形态上看具有一定的关联性，如例（123）a就是在"이，그，저，요，고，조"这类代词基础上，分别添加"리"构成的。在《标准国语大辞典》等辞典、字典中，例（123）c中的"어찌"被归于副词，"언제"既被看作代词也被看作副词。例如，在"언제 한번 만나자（在哪天见个面吧）"这句话中，"언제"为指示副词，表示不确定什么时候；在"이 책은 언제 봐도 좋다（这本书不管什么时候看都好看）"这句话中，"언제"也是指示副词，表示任何时候；在"과제를 언제까지 제출해야 해요（作业什么时候交）？"这句话中，"언제"之后添加了补助词"까지"，因而"언제"在此作疑问代词。例（123）b中的单词的基本词性为名词，但是它们也可以作指示副词。例如，在"오늘은 토요일입니다（今天是周六）"这句中，"오늘"为名词；在"그는 오늘 왔어요（他今天来了）"这句中，"오늘"为指示副词。此外，"여기，저기，거기"虽然被归为指示代词，但它们也可以发挥指示副词的功能。例如，在"여기에 있습니다（在这里）"这句中，"여기"为指示代词；在"여기 있던 물건을 어디로 갔어요（原来在这里的东西去了哪里）？"这句话中，"여기"可以发挥指示副词的功能。

3. 否定副词

否定副词是用来否定谓词含义的一类成分副词。韩国语中仅有"안"和"못"两个否定副词。

(124) a. 철수는 공부를 <u>안</u> 하고 놀고 있어.
哲秀不学习，一直在玩儿。
b. 나는 어제 잠을 통 <u>못</u> 자서 지금 정신이 없다.
我昨天一点也没睡，现在精神不好。

从例（124）中可以看出，含有副词"안"的否定句具有主观否定意义，表示本身不愿意做，相当于汉语的"不"；而副词"못"所在的否定句为客观否定，即因客观条件或自身能力有限而无法做某事，相当于汉语的"不能，没能"。

此外，与冠形词相似，一句话中能够同时出现两个或两个以上的副词。当两个或两个以上的副词并列使用时，通常情况下，指示副词排在最前面，其次是性状副词，最后为否定副词。例如，"<u>저리</u> 나와 호흡이 <u>잘</u> <u>안</u> 맞은 학생은 철수야（那边跟我不够默契的学生是哲秀）"这句的语序为"指示副词+性状副词+否定副词"。

（二）句子副词

如前所述，根据副词修饰范围的不同，韩国语中的副词可以分为成分副词以及句子副词。句子副词是修饰整个句子的副词。句子副词还可再细分为样态副词（양태부사）与接续副词（접속부사）。

1. 样态副词

样态副词是表示说话人的态度或意图的一类句子副词。样态副词在句中的位置相较于成分副词，其移动比较自由。

(125) a. 물론　　정말　　과연　　실로　　모름지기
　　　　当然　　真　　　果然　　的确　　必须
　　　b. 만약　　설마　　설령　　비록　　가령　　아마　　아무리
　　　　假如　　恐怕　　就算　　即使　　如果说　恐怕　　不管如何
　　　c. 제발　　부디　　아무쪼록
　　　　千万　　一定　　尽可能

根据样态副词所表达的含义以及其在句中的功能，可以把它们分为三类。例（125）a是表示说话者确信无疑或是对叙述内容进行断定时使用的样态副词，这类样态副词通常与陈述形、感叹形句式相呼应。例（125）b是表示说话者不太确信，或是避免过于武断而进行假设、猜测时使用的样态副词，这些样态副词通常与疑问形句式或是表示条件的连接词尾相呼应。例（125）c是表示希望或请求的样态副词，它们多与命令形句式相呼应。

(126) a. 옆집 아이는 <u>정말 똑똑하구나</u>!
　　　　邻居家的孩子真聪明啊！
　　　b. 옆집 아이는 <u>정말 똑똑해</u>.
　　　　邻居家的孩子真聪明。
　　　c. <u>설마</u> 너까지 나를 의심하는 것은 <u>아니겠지</u>?
　　　　难道连你都怀疑我？
　　　d. 네가 <u>가령</u> 이런 얘기를 <u>들으면</u> 어떻게 하겠어?
　　　　如果你听到这样的话，会怎么做？
　　　e. <u>아무쪼록</u> 빨리 돌아오세요.
　　　　尽量快点回来。

例（126）a是表示断定或肯定的样态副词与感叹形句式相呼应的例子，例（126）b是表示断定或肯定的样态副词与陈述形句式相呼应的例子，例（126）c是表示假设或猜测的样态副词与疑问形句式相呼应的例子，例（126）d是表示假设或猜测的样态副词与表示条件的连接词尾、疑问形句式相呼应的例子，例（126）e是表示请求或希望的样态副词与命令形句式相呼应的例子。

2. 接续副词

接续副词是连接词与词、句子与句子，并修饰后面内容的一类句子副词。相较于样态副词，接续副词的位置较为固定。

(127) a. 그리고   그래서   그러므로   그러나   그러면
       和；并   所以；因此   因此；因而   可是；但是   那样的话
    b. 즉   또   곧   따라서   오히려   도리어
       即；就是 又；或者；还 就是   因此；所以   反而；反倒   反而；反倒
    c. 혹은   또는   및
       或者；有些 或；或者   及；和；跟

如例（127）所示，韩国语中存在"그"系列的接续副词以及非"그"系列的接续副词。例（127）a为"그"系列的接续副词。例（127）b为非"그"系列的接续副词。其中，例（127）b中的副词"또，곧，도리어"具有连接、修饰句子的功能，也有修饰谓词的功能。例如，在"그는 의사이며 또 국회의원입니다（他是医生，还是国会议员）"这句中，"또"作为接续副词，连接前后两个句子的功能更突出；在"또 이겼다（又赢了）"这句话中，"또"并非连接两个句子，而是修饰句中的谓语成分"이기다"，因而将这里的"또"看作性状副词更为妥当。需要注意，"그"系列的接续副词不具备修饰谓词的功能。例（127）c是连接词与词的接续副词，主要出现在书面语中，如"연필 및 공책（铅笔和笔记本）"。在口语中，通常使用"과/와，(이)랑"等助词来表达与例（127）c相似的含义。

(128) a. 철수는 자리에서 일어났어요. <u>그리고</u> 문을 닫았어요.
        哲秀从座位上站起来，然后关上了门。
     b. 오늘은 비가 온대요. <u>그러므로</u> 파티는 내일로 바꿨어.
        据说今天下雨，所以聚会改在了明天。
     c. 철수는 여자 친구가 있어요. <u>하지만</u> 결혼할 생각은 없어요.
        哲秀有女朋友，但是不打算结婚。

d. 이것은 <u>곧</u> 문화의 전승입니다.
这就是文化传承。

e. 철수는 10년 <u>혹은</u> 15년 동안 중국에 있을 생각이다.
哲秀有在中国待十年或是十五年的想法。

　　例（128）a—c中的接续副词"그리고，그러므로，하지만"是典型的句子副词，在句中作独立语。接续副词可以再细分为表示"顺接、逆接以及并列或添加"之义的接续副词。在上文例句中，"그리고"表示并列与添加，"그러므로"表示顺接，而"하지만"表示逆接。例（128）d中的"곧"在句中充当接续副词，表示"就是，换句话说"之义，而在"곧 떠날게요（马上离开）"这句中，"곧"表示"马上、立刻"之义，属于修饰谓词"떠나다"的性状副词。例（128）e中的"혹은"表示"或者；有些，有时候"等含义，是连接词与词的接续副词。

三、感叹词的特征与种类

　　感叹词（감탄사）属于独立词。所谓独立词是指在句中作独立成分，与句中其他成分没有直接关系的词。感叹词是说话者表达惊讶、喜悦、悲愤等情感以及态度、意志的词或是呼唤、应答等的词。

　　感叹词具有如下特征。第一，如例（129）a、b所示，感叹词与副词类似，没有形态变化，此外，感叹词后不能添加助词或词尾。第二，如例（129）c所示，感叹词不能与补助词结合，这点与冠形词类似，而副词却能够与补助词结合，像例（129）d一样，副词"너무"之后可以添加补助词"도"。第三，感叹词通常位于句首，在句中的位置移动比较自由。如例（129）e—g中的感叹词"글쎄"能够位于句首、句中以及句末。第四，同一感叹词结合不同的手势、语调、表情能够表达不同的情感。例（129）h中的"아"表示惊慌、惊讶，而例（129）i中的"아"则表示激动、高兴等。第五，感叹词可以独立成为句子。例（129）j中的感叹词"아이고"则属于固有感叹词，可以独立成句。第六，感叹词中既存在固有感叹词，也存在从其他词类演变而来的感叹词。比如，例（129）k中的感叹词"만세"，是由名词演变而来的。

(129) a. <u>응</u>, 나도 가겠어.
　　　　嗯，我也去。
　　　b. <u>바로</u> 갈게요.
　　　　马上出发。
　　　c. <u>아차</u>, 내 정신 좀 봐.

哎呀，看我这记性。
d. 이 오르골 너무도 마음에 들어.
我非常喜欢这个音乐盒。
e. 글쎄, 내가 피아노를 잘 칠 수 있을까?
那么，我能弹好钢琴吗？
f. 내가 글쎄, 피아노를 잘 칠 수 있을까?
我，那么，能弹好钢琴吗？
g. 내가 피아노를 잘 칠 수 있을까, 글쎄.
我能弹好钢琴吗，那么？
h. 아, 뜨거워라.
诶呀，好烫。
i. 아, 드디어 합격했어.
啊，终于合格了！
j. 아이고!
诶呀！
k. 민족 독립 만세!
民族独立万岁！

1. 感情感叹词

感情感叹词（감정감탄사）是说话者无意识地、本能地表达自身喜悦、悲伤、愤怒、惊讶等情感的词。根据说话者所要表达的情感不同，感情感叹词可以分为如下几类（表8-1）。"허与허허"既可以表示"高兴、喜悦"，也可以表示"叹息、叹气"，这充分说明，同一感叹词在结合不同的手势、语调、表情时，能够表达出不同的情感。

表8-1　感情感叹词的种类

序号	情感类别	例子
1	高兴、喜悦	오, 허, 허허, 하, 하하, 와, 아…
2	生气、愤怒	에, 에끼, 이런…
3	伤心、悲伤	어이, 아이고, 어이구…
4	惊讶、惊叹	에구머니, 이키, 아, 애고…
5	叹息、叹气	허, 허허, 후, 후유…
6	悔恨、懊悔	아차, 아뿔싸, 엉, 어…

2. 意志感叹词

意志感叹词（의지감탄사）是说话者对谈话现场的听者表达自己想法的感叹词。如表8-2所示，话者在向听者表达自己的想法时，可以根据听者的年龄大小、地位尊卑以及对话场合的不同，采取不同的形式。例如"이봐요""천만에요""글쎄요"等用在对听者表示尊敬的场合中，而"이봐""천만에""글쎄"等多用在不必对听者表示尊敬的场合中。

表 8-2　意志感叹词的种类

序号	说话者的发话意图	例子
1	表示向对方提出行动要求	자, 아서라…
2	表示呼唤对方	여보세요/여보, 이봐요/이봐, 애…
3	对对方的讲话内容表示肯定	예, 네, 그래요, 암, 그래, 응, 오냐…
4	对对方的讲话内容表示否定	아니요, 아니에요, 천만에요, 천만에, 아니…
5	对对方的讲话内容表示怀疑	글쎄요, 글쎄…

资料来源：王丹. 大学韩国语语法[M]. 北京：北京大学出版社，2012：95。

3. 口头禅及口吃感叹词

如表8-3所示，感叹词中除了包含感情感叹词、意志感叹词之外，还有一种没有特别含义，表示口头习惯或说话时停顿、不连贯的感叹词，这类感叹词称为"口头禅（입버릇）"或是"口吃感叹词（더듬거림의 감탄사）"。

表 8-3　口头禅及口吃感叹词的种类

序号	类别	例子
1	口头禅	말이지, 말이요, 말입니다, 머, 뭐, 그래…
2	口吃	어, 저, 거시기, 음, 애햄…

第九章
词的形成原理

一、词的结构

第三章"词素与词"曾经探讨过,自立性以及分离性是判断一个语言单位是否为"词"的两大标准,即当某个语言单位能够独立运用,并且中间无法介入其他要素时,就可以判断这个语言单位是词。韩国语中的词是由词素按照一定的形式构成的,其中,表示词汇意义的词素叫作词根(어근),表示一定附加意义的词素叫作词缀(접사)。

(一)单纯词与复合词

在韩国语中,词的结构可以是单一的,也可以是复杂的。只由一个实质词素构成的词为单纯词(단일어),这一词素既可以是单音节的,也可以是多音节的。由两个或两个以上的词素构成的词叫复合词(복합어)。

(130) a. 바늘　　　　발　　　　붙다
　　　　针　　　　　脚　　　　粘;贴
　　　b. 바늘질　　　맨발　　　덧붙다
　　　　针线活　　　赤脚　　　添加;依附
　　　c. 바늘구멍　　손발　　　붙당기다
　　　　针孔　　　　手脚　　　拽;撤;拉

例(130)a中的词结构较为简单。"붙다"虽然是由两个词素构成,但"다"为表示语法含义的形式词素,不参与词汇的构成,以词干"붙-"为基准来看,"붙다"应属于单纯词。例(130)b是在例(130)a的基础上分别添加词缀"-질,맨-,덧-"构成的。例(130)c是在例(130)a的基础上分别添加"구멍,손,-당기-"构成的。例(130)b与例(130)c中的词的结构要比例(130)a复杂。像例(130)a这样的,就是

单纯词，而像例（130）b与例（130）c这样，由相对复杂的结构构成的词，就是复合词。复合词又可分为两类，一类是由词根与词缀构成的复合词，另一类是由两个或两个以上的词根构成的复合词，前者称为派生词（파생어），后者称为合成词（합성어）（如图9-1）。

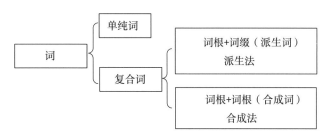

图9-1　韩国语词的构成方式

（二）合成词与派生词

如前所述，复合词可以分为合成词与派生词。含有词汇意义的词根相互结合构成的词属于合成词，在含有词汇意义的词根前或后添加词缀构成的词属于派生词。判断一个词是合成词还是派生词，一般来说，可以通过构成该词的词素来进行直接构成成分分析（직접구성성분 분석）。例如，"발걸음（脚步）"这个词是由"발""걸-"以及"-음"三个词素相结合构成的。从意义的角度分析，"발걸음（脚步）"的直接构成成分为"발"与"걸음"。由于它们都是含有词汇意义的词，因而"발걸음（脚步）"属于合成词。再比如，"걸음새（走路的样子）"一词是由"걸음"与"-새"构成的。从意义的角度分析，"걸음"为词汇含义突出的名词，而"-새"语法含义较为明显，它放在词根之后，表示"样子、模样"等含义，由此可知，"걸음새"一词为派生词。当然，韩国语中也存在一些难以通过直接构成成分分析，进而判断该词为合成词还是派生词的情况，如"해돋이（日出），고기잡이（捕鱼），젖먹이（婴儿，吃奶的小孩），시집살이（在婆家生活），김의털（羊茅），닭의 장풀（鸡肠草），젊은이（年轻人）"等。有些语法学者将它们归为合成词，有些则认为它们属于派生词。以"해돋이"为例，按照直接构成成分分析，首先可以将这一词分为两个部分"해"和"돋이"。其中，"해"表示"太阳"，其词汇含义特别突出，但"돋이"并不是一个词。"해돋이"其实是"해（가）돋-+-이"这样的构词结构，其构成已远远超出词这一语言单位的范畴了，因而难以对其进行归类。"고기잡이，젖먹이，시집살이"等词的构词方法与"해돋이"类似，应归为合成词还是派生词，学界尚无定论。本书将这类词归为派生词，具体来说，这类词的构词方式属于合成词的派生。像"김의털，닭의 장풀"这样，"名词+冠形格助词+名词"的结构，以及像"젊은이"一样，"形容词词干+冠形词形词尾+依存名词"的结构，

也都已超出词的范畴，因而很难判断它们属于合成词还是派生词。如果硬要归类，本书认为，将"김의털, 닭의 장풀, 젊은이"看作合成词更为合理。

二、词根与词缀

如前所述，韩国语词汇的构成方式主要有两种，一种是在实质词素的前面或后面添加形式词素构成的词，另一种是由不同的实质词素相结合构成的词。在韩国语语法学中，将构成词的方法称为构词法（조어법）。在复合词中，无论是派生还是合成，含有实质词素的部分被称为词根，含有形式词素的部分被称为词缀。在词汇形成的过程中，词根是词的核心部分，而词缀附加在词根前后，是表示附加意义的附属部分。词根与词缀的关系就像树根与树枝的关系一样。

在这里需要强调的是，词根与词缀为构词法中主要使用的概念，而词干与词尾为谓词活用时主要使用的概念。词根与词干具有相似性，词缀与词尾也具有相似性，即词根和词干都是实质词素，词缀和词尾都是形式词素。在结构较为简单的单纯词中，词素既可以称为词根，也可以称为词干。例如，"붙는다（贴；合格）"是单纯词，其词根与词干均为"붙–"，且不存在词缀成分。在结构较为复杂的词中，词根、词缀、词干与词尾的概念特别容易混淆。以复合词"붙인다（押注，搭话，寄予）"与"덧붙인다（附加，补充）"为例，"붙인다"的词根是"붙–"，词缀是"–이–"，词干是"붙이–"，词尾是"–ㄴ다"。"덧붙인다"的词根是"붙–"，前缀为"덧–"，后缀为"–이–"，词干是"덧붙이–"，词尾是"–ㄴ다"。要正确区分这4个概念，须铭记词根是词汇形成过程中，形态几乎不变的成分，词干是谓词活用时，形态几乎不变不变的成分，词缀是单词形成过程中可变的成分，词尾是谓词活用时可变的成分。

（一）词根的规则性与不规则性

韩国语中的词根分为规则词根（규칙적 어근）和不规则词根（불규칙적 어근）。规则词根的词性是明确的，可以与其他词素自由组合构成词。不规则词根的词性具有不确定性，不能自由地与其他词素结合构成词。英语中也存在词根。英语的词根分为能够独立运用的自由词根与无法独立运用的非自由词根。例如，usefulness由三个词素组成，其中use属于自由词根，在句中可以单独使用，承载着usefulness一词的主要词义信息；ful与ness均为黏着词素，具有一定的语法含义，但无法单独使用。

例（130）a中的"바늘, 발"是名词，而"붙–"是动词词干。例（130）a中的"바늘, 발, 붙–"可以分别与例（130）b中的词缀"–질, 맨–, 덧–"连用。不仅如此，"바늘, 발"还可以与助词连用，而"붙–"可以与词尾连用。由此可以断定，例（130）a中的"바늘, 발, 붙–"属于规则性词根。由于这些词根在词的形成过程中较为活跃，因而称为单词形成素。此外，当词根属于规则词根，且词性很明确时，派生出

的新词属于再度派生词（제이차적 파생어）；当词根属于不规则词根，且词性不明确时，派生出的新词属于首度派生词（제일차적 파생어）。

(131) a. 아름답다
　　　 美丽；优美
　　b. 남자답다　　　　　　　　어른답다
　　　 有男子汉气概的；像个男子　大人的；大人般成熟的

例（131）a 中"아름답다"的"아름-"与例（131）b 中"남자답다, 어른답다"的"남자-, 어른-"是聚合关系，这三个词的词干后都添加了表示"具有某种特性"的词缀"-답다"。但是，"아름"不具有独立性，其词义、词性也不明确，更无法像"남자，어른"一样，与助词搭配使用，因而它属于不规则词根。不规则词根通常与特定的词缀连用，在构词过程中不太活跃，因而称为单词构成素。由不规则词根派生出的新词属于首度派生词。此外，像"아름-"这样的词根也称为不具词素（불구형태소）、特殊词素（특이형태소）或是唯一词素（유일형태소）。

（二）词缀的种类

以词根为中心，根据词缀与词根结合时词缀所处的位置，可以将词缀分为前缀（접두사）、中缀（접요사）与后缀（접미사）。汉语中存在前缀与后缀，如"阿（阿姨、阿婆）""老（老小、老虎、老婆）""子（刀子、份子、瘦子、钳子）""手（选手）""头（念头、苦头、石头）"等少量的语义虚化的前缀与后缀，以及含有一定实义，有时还可以以词根的面貌出现的"类词缀"[1]，如"亚（亚健康、亚军）""次（次男、次日）""具（炊具、文具、工具、用具）""气（力气、运气、勇气、财气）"等。英语中也有前缀与后缀。其中，基于意义，可以将前缀分为否定前缀、反向前缀、表贬义的前缀、表程度的前缀、表方向的前缀、表态度的前缀、表方位的前缀、表时间的前缀、表数量的前缀等。英语中的后缀包含名词后缀、形容词后缀、副词后缀、动词后缀。[2] 在尤拉克语、阿拉伯语等语言中则蕴含大量的中缀。韩国语与汉语、英语相似，仅存在前缀与后缀，如"맨발（赤脚）"中的"맨-"，表示"光着，赤着"。"맨-"位于词根"발"之前，属于前缀。再比如，"덮개（被子，盖子）"中的"-개"，表示某人或具有某种用途的物品。"-개"位于词根"덮-"之后，属于后缀。

从功能层面来讲，韩国语的前缀主要是限定词根的含义或在词根原有含义的基础上

---

[1] 吕叔湘.汉语语法分析问题[M].北京：商务印书馆，1979：48.
[2] 张维友.英汉语词汇对比研究[M].上海：上海外语教育出版社，2010：63.

添加一些附加意义，而后缀不仅能够给予词根一定的词汇意义，还可以改变原词的词性。像这样，限定词根含义的词缀叫限制性词缀（한정적 접사），也叫加意性词缀（가의적 접사）；改变词根词性的词缀叫支配性词缀（지배적 접사）或造语性词缀（조어적 접사）。英语中的大部分前缀属于限制性词缀，但也存在少量能够改变词根词性的支配性词缀。例如，gage（抵押物，计量器）一词原本为名词，其前添加"en-"则变为动词engage（从事，雇佣）。英语中的后缀属于支配性词缀。与韩国语、英语中的前缀不同，汉语中的部分类前缀可以改变词根词性，其功能相当于韩国语、英语中的后缀。韩国语与英语中的后缀能够构成名词、动词、形容词、副词等，而汉语中的类后缀主要构成名词。

此外，韩国语中存在表示语法功能的屈折词缀（굴절접사）和帮助构成新单词的派生词缀（파생접사）。屈折词缀往往表示句法关系，不会导致词的词义发生本质性的改变。派生词缀通常不表示句法关系，只是通过添加前缀或后缀来达到改变原词词义或词性的目的。例如，"비웃다（嘲笑）"中的"-다"就是屈折词缀，而"풋고추（青辣椒）"中的"풋-"则为派生词缀。韩国语中的前缀均为派生词缀，后缀中存在屈折词缀与派生词缀，其中屈折后缀通常被称为词尾。英语中的屈折词缀绝大多数是后缀，派生词缀可能是前缀也可能是后缀。需要注意的是，当本书提及韩国语的词缀时，通常指代派生词缀。

（三）词根与词缀的结合

在一般情况下，词缀可以直接添加在词根之前或之后，从而修饰、限定原词的词义或改变原词的词性。在词根与词缀结合的过程中，有的时候词根无法直接与词缀结合，需要借助冠形词形、名词形、辅助形连接词尾等媒介，才能实现与词缀的结合。

(132) a. 앉은뱅이　　　앉을깨
　　　　瘫子　　　　　织布机的椅子
　　　b. 붙임질　　　　게으름뱅이
　　　　贴；粘　　　　懒虫；懒鬼
　　　c. 없어지다　　　부숴뜨리다
　　　　消失；没了　　损毁

例（132）a中的"앉은뱅이"是由后缀"-뱅이"与动词"앉다"的冠形词形"앉은"组合而成的，即"-뱅이"如要和"앉-"这样的动词性词根结合构成新词，就必须通过动词的冠形词形来实现。"앉을깨"与"앉은뱅이"的构词方法类似。例（132）b中的"붙임질"先将动词"붙이다"转化为名词形"붙임"，再直接添加表示"做，干，

用，当"之义的后缀"-질"构成的新单词。由此可知，动词的名词形是形成"붙임질"的媒介。"게으름뱅이"的构词方法与"붙임질"类似。与动词形词根结合的方式稍有不同，后缀"-질"在与名词形词根结合时，可以直接添加在词根之后，构成新词，如"바느질（针线活），삽질（使用铲子或铁锹）"。例（132）c中的词缀"-지-，-뜨리-"要通过辅助形连接词尾的帮助才能实现与词根的结合，从而构成新词。

另外，词根与词缀连用时，词根和词缀之间会互相影响，产生语音变化，进而致使词根或词缀的形态发生改变。例如，"휩쓸다（横扫，席卷；包揽）"一词与"휘젓다（甩动；搅乱），휘두르다（舞动，摆弄）"相比较，"휘"在"쓸다"前变成了"휩"。再比如，"오조（早谷）"一词与"올벼（早稻），올밤（早熟的栗子）"相比较，前缀"올-"的收音"ㄹ"在遇到辅音"ㅈ"时发生了脱落现象。以上为词根与前缀结合，前缀发生形态变化的例子。

当然，也存在词根、后缀的形态发生改变的情况。例如，"바느질（针线活儿）"一词，其词根"바느"是"바늘（针）"中的收音"ㄹ"在遇到后缀"질-"的首音"ㅈ"时，发生脱落现象形成的。另外，在构词的过程中，后缀也有可能发生形态改变。例如，"동그랗다（圆，圆圆的）"可以分解为"동글+-앟-"；"둥그렇다（圆圆的）"可以分解为"둥글+-엏-"。也就是说，词根中若含有阳性元音，则选择与"-앟-"结合；词根中若含有阴性元音，则选择与"-엏-"结合。此外，还存在词根与后缀结合时，词根与后缀的形态同时发生改变的情况，如"무게（重量，分量）"一词可以拆分成"무겁"和"이"。"무겁"中的"겁"遇到以元音开头的后缀"-이"时，"겁"的收音"ㅂ"发生了脱落现象，同时"ㅓ"与"ㅣ"合成"에"，使得"무게"的词根与后缀都发生了形态改变。

三、派生法

词根与词缀结合构成新词的造词法称为派生法（파생법），通过派生法构成的词称为派生词（파생어）。如前所述，根据词缀在词中所处的位置，可以将词缀分为前缀与后缀。相应地，前缀与词根结合的构词法就是前缀派生法（접두 파생법），后缀与词根结合的构词法就是后缀派生法（접미 파생법）。

（一）前缀派生法

韩国语中的前缀属于限定性词缀，与英语中的前缀类似，虽不能够改变词根的词性，但可以对词根的含义起到修饰、限定作用。在韩国语中，依据限定性词缀形成的派生法称为词汇派生法（어휘적 파생법）。前缀与词根结合的前缀派生法主要适用于名词、动词以及形容词的派生。例（133）是前缀与名词词根结合构成新名词的例子。

(133) 핫이불　　개살구　　날계란　　맨발　　늦더위　　한여름
　　　棉被　　　山杏　　　生鸡蛋　　赤脚　　秋老虎　　盛夏

例 (133) "핫이불"中的"핫-"表示"棉的"，它与"핫바지（棉裤）"中的"핫-"意思相同；"개살구"中的"개-"表示"野生的"，它与"개머루（山葡萄）"中的"개-"意思相同。当然，"개-"还有其他含义，如在"개소리（胡扯），개죽음（白白送死）"等词中，"개-"表示"无意义的，白白的"之义。"날계란"中的"날-"表示"生的，不熟的"，与其类似的词还有"날고기（生肉），날김치（生泡菜）"等。"맨발"中的"맨-"有"光着，赤着"的含义。类似的词还有"맨머리（光头），맨몸（赤身；裸体），맨주먹（赤手空拳）"等。"늦더위"中的"늦-"有"晚来的，迟到的"之义，"늦가을（晚秋），늦바람（晚风）"中的"늦-"也表达相似的含义。"한여름"中的"한-"含有"正好，正中"之义，在"한가을（深秋），한겨울（严冬），한추위（严寒）"等词中，"한-"也表示相同的含义。

位于名词词根之前的前缀，其性质与冠形词相似，因而也可以称其为"冠形词性前缀（관형사성 접두사）"。这里要注意，冠形词与体词的分离性较强，所以在冠形词和体词之间可以插入其他成分。相反，冠形词性前缀与词根的分离性较弱，它们之间不能插入其他成分。此外，能与冠形词性前缀结合的名词词根也十分有限。除了"핫-，개-，날-，맨-，늦-，한-"等前缀之外，如表9-1所示，还有一些常见的前缀也可以与名词词根结合，构成新的名词。

表 9-1　前缀与名词词根结合构成的新名词

序号	前缀	含义	实例
1	맏—	(1) 长，大；(2) 新，头茬	맏며느리, 맏손자, 맏아들, 맏배, 맏고추
2	홀—	孤，寡，独	홀몸, 홀아버지, 홀어머니, 홀어미, 홀아비
3	숫—	(1) 洁净，纯净；(2) 用在动物名词之前，表示公的、雄的	숫양, 숫눈, 숫처녀, 숫총각, 숫보기
4	참—	(1) 真；(2) 好，上等的；(3) 放在植物与动物名称前，表示该类物种中的基本品种	참사랑, 참말, 참사람, 참먹, 참깨, 참가자미
5	풋—	(1) 青，生，嫩；(2) 生的，未熟的	풋감, 풋고추, 풋과일, 풋콩, 풋사랑, 풋잠

续表

序号	前缀	含义	实例
6	민-	（1）表示没有附加任何东西，无或淡；（2）光，秃	민물，민저고리，민머리
7	군-	（1）废的，多余的，没用的；（2）额外的，附加的	군것，군말，군살，군식구
8	들-	用于植物名称前，表示野生、山野	들깨，들소，들개，들장미，들국화
9	덧-	添加	덧니，덧신，덧저고리，덧버선
10	알-	（1）光，裸；（2）小；（3）完全，彻底	알몸，알밤，알바가지，알항아리，알부자
11	암-	（1）雌，母；（2）用于表示成对物品的名词前，母	암소，암나비，암개미，암단추，암나사
12	외-	（1）独，孤；（2）外公外婆家；（3）外	외동딸，외동아들，외할아버지，외삼촌，외분비
13	빗-	歪，斜，偏	빗금，빗변
14	잔-	（1）细，小；（2）零碎	잔뿌리，잔심부름，잔털，잔돈，잔소리
15	헛-	白，空，无用，白白	헛고생，헛수고，헛소문，헛걸음
16	담-	放在表示颜色的部分名词后，表示淡、浅	담갈색，담녹색，담청색，담황색
17	낱-	单，一，零	낱알，낱말，낱권，낱장

在韩国语中，前缀除了与名词词根结合构成新的名词之外，还可以与谓词词根结合构成新的谓词。只不过谓词词根与前缀结合形成的派生词在数量、多样化等方面远远不如名词词根与前缀结合构成的派生词。

(134) a. 들부수다　　　　덧붙다　　　　　짓누르다　　　　엿보다
　　　　乱砸；猛砸　　　添加；重叠　　　猛压；压抑　　　偷窥；打探
　　　b. 드세다　　　　　새까맣다　　　　　　　　　　　시꺼멓다
　　　　倔强；艰辛；凶　漆黑；渺茫；黑压压　　　　　　黑；黑压压

例（134）a是前缀"들-，덧-，짓-，엿-"与动词词根结合构成新的动词的例子。由于词性并未改变，因此，例（134）a属于词汇派生法。其中，"들부수다"中的"들-"有"胡乱，无理的，突然，猛然"之义。在"들끓다（熙熙攘攘；沸腾），들볶

다（折磨，折腾；吵吵闹闹）"中，"들-"也表达了相同的含义。"덧붙다"中"덧-"表示"添加；重复"，类似的词还有"덧입다（再添，罩），덧나다（加重；发怒）"等。"짓누르다"中的"짓-"表示"猛，乱，狠，非常"，"짓-"在"짓개다（乱咬），짓밟다（乱踩），짓두들기다（乱打）"中也表达相同的含义。"엿보다"中的"엿-"有"偷偷，私下"之义，"엿듣다（偷听），엿살피다（窥视）"中的"엿-"也有相似的含义。除了"들-，덧-，짓-，엿-"等前缀之外，如表9-2所示，还有一些常见的前缀也可以与动词词根结合构成新的动词。

表9-2　前缀与动词词根结合构成的新动词

序号	前缀	含义	实例
1	엇-	斜，歪，偏	엇걸리다，엇베다，엇나가다
2	빗-	斜，歪，偏	빗나가다, 빗맞다
3	늦-	晚，迟暮	늦되다，늦심다
4	치-	(1) 接在动词词根后构成强势词；(2) 往上，向上	받치다，놓치다，넘치다，망치다，치오르다，치닫다，치솟다，치읽다，치뜨다
5	헛-	白，干，徒	헛보다，헛디디다，헛살다
6	휘-	(1) 绕，转；(2) 全，都；(3) 猛，乱	휘두르다，휘젓다，휘감다，휘늘어지다，휘달리다，휘몰다，휘날리다
7	뒤-	(1) 狠，胡乱，沸，整个；(2) 翻转，颠倒	뒤끓다，뒤덮다，뒤섞다，뒤얽다，뒤바꾸다，뒤받다，뒤엎다
8	설-	不充分	설보다，설마르다，설깨다，설익다
9	맞-	(1) 相当；(2) 相对	맞서다，맞먹다，맞들다，맞대다

例（134）b是前缀"드-，새-，시-"与形容词词根结合构成新的形容词的例子。其中，"드-"表示"很、非常"等含义，除了"드세다"之外，"드넓다（宽广），드높다（很高）"中的"드-"也表达类似的含义。"새-，시-"主要与表示颜色的词搭配使用。与"새까맣다"中的"새-"一样，在"새빨갛다（鲜红；荒诞），새하얗다（洁白，非常白），새뽀얗다（灰蒙蒙；白茫茫）"等词中"새-"具有同样的含义，表示"深，鲜，浓，亮"等。"시-"用于部分形容词词根之前表示"颜色深而且鲜艳"，类似的词还有"시뻘겋다（深红），시퍼렇다（深蓝），시허옇다（雪白）"等。此外，"시-"不但可以与形容词词根结合，它还可以与名词词根搭配，表示"婆家的，公公家的"，如"시아버지，시어머니"等。除了"드-，새-，시-"之外，如表9-3所示，还有一些常见的前缀也可以与形容词词根结合构成新的形容词。

表 9-3　前缀与形容词词根结合构成的新形容词

序号	前缀	含义	实例
1	샛—	颜色深浓且鲜亮	샛노랗다
2	싯—	色彩深而不鲜艳	싯누렇다, 싯뿌옇다
3	엇—	淡，稍微，有点儿	엇비슷하다, 엇구수하다
4	휘—	大	휘둥그렇다

与谓词词根结合的前缀的性质与副词相似，因此也称为"副词性前缀（부사성 접두사）"。这里需要注意，副词和谓词的分离性较强，特别是句子副词中的样态副词在句中的位置相对自由。此外，副词与谓词的结合所受限制也较少；副词性前缀与谓词词根的分离性较弱，副词性前缀与词根之间无法插入其他成分，而且能与副词性前缀结合的谓词词根也十分有限。

（二）后缀派生法

在韩国语中，后缀与前缀都属于构成词的要素，只不过后缀的数量明显多于前缀。后缀与前缀不同，后缀不仅能够增添词汇意义，而且能够改变词根的词性，或对原有的句子结构产生影响。在韩国语中，改变词根词性的词缀叫作支配性词缀，依赖于支配性词缀的派生法被称为句法派生法（통사적 파생법）。此外，与前缀派生法相比，在后缀派生法中，后缀与词根的结合较为自由。

后缀与词尾有时容易混淆，要正确区分二者须知晓：首先，后缀可以帮助词根派生出新词，而词尾不具备这样的功能。后缀在参与派生新词的过程中较为活跃，它可以派生出的词类包含名词、动词、形容词、副词等。其次，后缀主要与词根连接，而词尾主要和词干连接，后缀与词根结合受到的制约远远大于词尾与词干结合受到的制约。再次，后缀可以改变词根的词性，而词尾无法改变词干的词性。最后，派生后缀的含义不固定，其具体的使用环境难以归纳，而屈折词缀即词尾的含义较为固定，其使用环境较容易归纳。

英语中的后缀也具有改变词根词性的功能，按照派生词的词性划分，英语中的后缀主要分为"-ise、-fy、-ate、-en"等动词后缀，"-ess、-er、-ant、-ary、-ition、-hood、-ity"等名词后缀，"-ic、-ary、-less、-some、-ful、-ual"等形容词后缀，以及"-ly、-wise、-ways"等副词后缀。

1. 名词派生法

(135) a. 모양새　　　장사꾼　　　기대치　너희　　손가락질
　　　　模样；面子　商人；生意人　期望值　你们　　指画；指点
　　　b. 웃음　　잠　　잡이　　　덮개　　식대　　　　먹보

	笑容	觉	把手；备注	盖子　　餐费；饭钱　　大肚汉；食神
c.	귀여움	높이	크기	검대
	宠爱；讨人爱	高度	大小	剑带
d.	까불이	달랑이	더듬이	비뚤이
	不安分的人	拨浪鼓；摇铃	触角；结巴	身体歪斜的人；歪心眼
e.	회장님	교수님	선생님	사장님
	会长	教授	老师	社长

例（135）a是后缀与体词结合派生出新体词的例子。像这样，词性并未改变，只是词义有所变化的派生法属于词汇派生法。"모양새"中的"-새"表示"样子、模样、情况"，"-새"在"생김새（长相），꾸밈새（装饰的样子），짜임새（结构）"等词中也表示相同的含义。例（135）a"장사꾼"中的"-꾼"既指"从事某种工作的人"，如"농사꾼（农夫），나무꾼（樵夫），일꾼（帮工）"，又指"聚集在某种场合或活动中的人"，如"구경꾼（看客）"。"기대치"中"-치"表示"态度"，类似的词还有"눈치（眼力见儿）"。后缀"-치"只能与少数词根结合构成新词，因此属于不具词素。例（135）a"너희"中的"-희"添加在代词"너"之后，表示复数"你们"。"-희"还可以添加在"저"之后，作为"我"的复数形式出现。除了"너，저"之外，"-희"不再与其他代词相连接，因而也属于不具词素。例（135）a中的"손가락질"与"가위질（剪，剪裁），도끼질（斧砍，斧劈）"的构词方法类似，都是在名词词根之后添加表示"做、干、用"之义的后缀"-질"后构成的新的名词。受形态以及句法规则的制约，"-질"只能与名词词根结合。除了"-새，-꾼，-치，-희，-질"之外，如表9-4所示，还有一些常见的后缀也可以与名词词根结合构成新的名词。

表9-4　后缀与名词词根结合构成的新名词

序号	后缀	含义	实例
1	-꾸러기	贬称具有某类特征的人，鬼、虫、精、王等	심술꾸러기, 장난꾸러기, 말썽꾸러기, 능청꾸러기
2	-보	（1）具有某种特性的人；（2）助理	떡보, 마음보, 심술보, 기사보, 학장보, 차관보
3	-아치	从事某种工作的人	벼슬아치, 장사아치, 동냥아치
4	-장이	拥有相关技术的人	석수장이, 옹기장이, 칠장이, 양복장이
5	-쟁이	表示具有该性质的人	심술쟁이, 고집쟁이, 센스쟁이, 떼쟁이
6	-뱅이	具有……不良特点的人	가난뱅이, 주정뱅이, 게으름뱅이

续表

序号	后缀	含义	实例
7	-이	具有某种特性的人	절름발이, 애꾸눈이, 곰배팔이
8	-매	样子，姿态，神态	눈매, 몸매, 입매
9	-거리	（1）俚语；（2）间隔，每	떼거리, 짓거리, 패거리, 이틀거리
10	-짓	动作	날개짓, 눈짓, 손짓

例（135）b—e属于句法派生法。其中例（135）b是通过添加后缀将动词变为名词的例子，例（135）c是将形容词转化为名词的例子，例（135）d是由拟声、拟态副词转化为名词的例子，例（135）e为名词转化为新的名词的例子。例（135）b中的"웃음，잠"是由动词词根"웃-，자-"与后缀"-(으)ㅁ"结合而成的。"잡이"是在动词词根"잡-"后，添加使之变为名词的后缀"-이"后，形成的名词。在动词转化为名词的过程中，最常用的后缀除了"-이"之外，还有"-개"。"-개"主要与动词词根结合，表示"某种特性的人"，如"오줌싸개（尿床精）"。此外，"-개"还可以表示"具有某种用途的物品"，如"덮개, 지우개（橡皮）"等。同时，根据元音和谐规则，"-개"存在异形态"-게"，但二者的交替条件不太明确。"-게"表示"某种动作的工具"，如"집게（钳子，夹子），지게（背架，背夹）"等。动词词根"식-"接表示"带"的后缀"-대"，构成了名词"식대"。除添加在动词词根之后，"-대"也可以添加在形容词词根之后，如例（135）c"검대"中的"-대"，就是接在形容词词根"검-"之后，构成了新的名词。后缀"-보"主要表示"具有某种特性的人"，它可以与名词词根结合，构成新的名词，如"마음보（心术），떡보（吃糕能手），심술보（爱耍心眼的人）"等。例（135）b中的"먹보"一词，是由后缀"-보"与动词词根"먹-"结合派生出的名词。"겁보（胆小鬼），울보（爱哭的孩子）"的构词方法与其类似。后缀"-보"不仅可以与名词词根、动词词根结合构成名词，还可以与形容词、拟声词以及拟态词结合构成名词，如"약보（机灵鬼），뚱뚱보（胖墩儿）"等。除了"-(으)ㅁ, -이, -개, -게, -대, -보"之外，后缀"-기"也可以与动词词根结合构成新的名词，如"달리기（跑步，赛跑），읽기（阅读），쓰기（写作），말하기（表达，表述）"等。

例（135）c中的"높이"与"길이（长度；篇幅等），깊이（深；内涵；分量等）"构词方法相似，是在形容词词根后添加后缀"-이"派生出的尺度名词（척도명사）。在尺度名词派生中，受含义的制约，无法构成"낮이, 얕이, 짧이"等词，说明只有含有积极意义的形容词词根才能与后缀"-이"结合，构成尺度名词。除了"-이"之外，后缀"-기"也可以参与尺度名词的派生，如"크기와 밝기（光度，亮度），굵기（粗细）"等词。这里需要强调，"-기"不能与"높-, 길-, 깊-"结合，是受阻滞现象（저지현상）的制约，因为在此之前早已形成了与其具有相似含义的"높이, 길이, 깊

이"等词，因此不再进行重复创造。受到语音条件的制约，以"ㅂ"为收音的形容词词根，像例（135）c中的"귀엽다"以及"즐겁다（欢乐），괴롭다（痛苦）"等词，要变为名词，就需要在词根之后添加后缀"-(으)ㅁ"。

拟声、拟态副词失去叠词性（첩어성）之后，与后缀"-이"结合也可以构成名词。如例（135）d中的"까불이"，就是拟态副词"까불까불（摇晃；晃动）"失去叠词性之后，与后缀"-이"结合构成名词的例子。类似的词还有"딸랑이（拨浪鼓，摇铃），삐죽이（小心眼，小气鬼）"等。

例（135）e中的"회장님，교수님"等名词的后缀"-님"虽未引起词义的改变，但与例（135）a相比，它影响了句子的结构，因而被归为句法派生法。具体来说，当"교수는 강의실에서 수업을 한다（教授在教室里上课）"这句中的主语"교수"变为其尊称形式"교수님"时，涉及句中主语的行动、状态等的词也需要相应地使用其敬语形式，因而原句将变为"교수님께서는 강의실에서 수업을 하신다"。

2. 动词派生法

与名词派生法类似，根据后缀在构词过程中发挥的作用，动词派生法也可以分为改变原词含义的词汇派生法和改变原词词性的句法派生法。

(136) a. 넘치다　　놓치다　　　받치다　　　　깨뜨리다　　　떨어트리다
　　　　溢出　　　错过；放走　撑；托；垫　打破；破坏　　使掉下；失去；甩掉；降价
　　　b. 노래하다　　　　사랑하다　　　　빨래하다
　　　　唱歌　　　　　　相爱；爱恋　　　洗衣服
　　　c. 낮추다　　　　곧추다　　　　넓히다　　　　더럽히다
　　　　降低；贬低　　挺直；伸直　　扩大；拓宽　　弄脏
　　　d. 바삭거리다　　　비틀거리다　　　덜컹대다
　　　　沙沙响　　　　　摇摇晃晃　　　　哐哐震动
　　　e. 보이다　　　돌리다　　　　넘기다　　　　　쌓이다　　　안기다
　　　　让……看　　使……转动　　咽下；使越过　叠；堆　　　被抱
　　　　먹히다　　　갈리다
　　　　被吃　　　　被换

例（136）a中的动词词根"넘-，놓-，받-"添加了表示"强势，强调"之义的后缀"-치-"后，改变了原词的含义，但并未改变原词的词性，因而属于词汇派生。以这样的方式派生出的动词还有"망치다（毁坏），내뻗치다（溢出）"等。例（136）a中的后缀"-뜨리-与-트리-"均表示"动作很粗暴"，主要加在他动词词根之后，构成新的动词。

例（136）b—e属于句法派生法。其中，例（136）b—d中的动词是从其他词性的词中派生出来的。例（136）e是添加后缀之后，致使原句的句法结构发生改变的例子。例（136）b中的后缀"-하-"可以接在"노래，사랑，빨래"等动作性较为明显的名词之后，它有"主动"之义，具有将名词变为动词的功能。后缀"-하-"除了与固有词系列的名词词根、"위반（违反），산책（散步），공부（学习）"等汉字词系列的名词词根结合之外，还可以与外来词系列的名词词根结合，构成新的动词，如"메모하다（备忘，留言），디자인하다（设计，做图案），점프하다（蹦，跳）"等。后缀"-하-"还可以和拟声、拟态副词以及形容词结合构成动词。此外，与含有"主动"之义的后缀"-하-"相反，后缀"-되-"含有"被动"之义，也可以放在固有词、汉字词、外来词系列的名词词根之后，构成动词，如"거듭되다（重复，屡次），시작되다（开始；起源），사용되다（使用），체크되다（查对，检查）"等。

例（136）c是把形容词转化为动词的例子。后缀"-추-"接在部分形容词词根之后，添加使动含义，构成他动词。后缀"-히-"表示"使之成为某种状态"，主要与以"ㄱ，ㄷ，ㅂ，ㄺ，ㄵ"等辅音结尾的部分形容词词根结合，使之变为动词。

例（136）d是把拟声、拟态副词转化为动词的例子。添加"-거리-"之后，原来的副词"바삭바삭与비틀비틀"就会失去叠词性，像这样的动词还有"투덜거리다（嘟囔，嘀咕），바동거리다（挣扎，乱蹬），두근거리다（扑通扑通跳）"等。后缀"-대-"也主要接在拟声、拟态副词的词根之后，表示"声音或动作的延续"，与"덜컹대다"的构词方法类似的还有"출렁대다（荡漾），방실대다（笑眯眯）"等词。

例（136）e"보이다，돌리다，넘기다"中的词缀"-이-，-리-，-기-"使原来的他动词转变成了使动词。"-이-，-기-，-히-，-리-"等后缀，不但可以和部分他动词词根结合，构成使动词，还可以和自动词词根、形容词词根结合构成使动词。"쌓이다，안기다，먹히다，갈리다"中的词缀"-이-，-기-，-히-，-리-"把原来的他动词转变成了被动词。需要注意的是，并非所有的动词能都与以上表示被动、使动的后缀相连。此外，例（136）e中的词根添加了后缀构成了新词，虽没有引起原词词性的改变，但却对句法结构产生了影响，因而这类派生法也属于句法派生法。

3. 形容词派生法

与名词、动词派生法类似，根据后缀在构词过程中发挥的作用，形容词派生法也可以分为改变原词含义的词汇派生法以及改变原词词性的句法派生法。

(137) a. 누렇다　　　까맣다　　　가느다랗다　　　곱다랗다
　　　　　黄；金黄　　黑　　　　很细；纤细　　　美丽；完好无损
　　　b. 고요하다　　꽃답다　　　보배롭다　　　어른스럽다　　　기름지다
　　　　　寂静；安静　花一样的　　宝贝似的　　　老成；老气　　　油腻；肥胖

c. 놀랍다	아깝다	우습다
令人惊叹	可惜；令人惋惜	滑稽；可笑
d. 사뿐사뿐하다	울퉁불퉁하다	매끈매끈하다
轻盈；轻快	起伏不平；坑坑洼洼	光滑；平滑

如例（137）所示，虽然形容词、动词、副词等的词根与后缀结合都可以派生出形容词，但名词词根与后缀结合构成形容词的这种构词方式最为常见。例（137）a是通过形容词词根"누르-，깜-，가늘-，곱-"分别附加后缀"-엉-，-앙-，-다랗-，-다랗-"后，派生出新的形容词的例子。由于原词的词性并未改变，因而这种派生法属于词汇派生法。词缀"-엉-/-앙-"常与表示色彩的词根连用，如"파랗다/퍼렇다（绿；蓝/深绿），빨갛다/뻘겋다（红，深红/大红）"等。"-다랗-"加在表示"长、宽、高"等含义的形容词词根之后，表示"某种属性很强"。类似的词还有"커다랗다（巨大；硕大），기다랗다（很长），좁다랗다（非常狭窄）"等。

例（137）b—d属于改变原词词性的句法派生法。例（137）b是名词转化为形容词的例子。如前所述，后缀"-하-"跟在动作性较强的名词词根后，可以将名词转化为动词。例（137）b中的"-하-"跟在名词之后，可以将描述某种状态的名词转化为形容词，"고요하다，가난하다（贫穷）"等就是典型的例子。在汉字词中，名词词根后添加"-하-"构成形容词的方法也非常常见，如"예리하다（锐利），성실하다（诚实，诚信）"等。"-하-"还可以与"씩씩，무던"等不规则词根连用，构成形容词。此外，后缀"-하-"还可以搭配外来词系列的名词词根，派生出形容词，如"스마트하다（聪明，聪颖），로맨틱하다（浪漫的），핫하다（很火），쿨하다（凉爽；酷）"等。例（137）b"꽃답다"中的后缀"-답-"表示"比喻，像样，像"，它常与含有积极意义的词根连用，构成形容词。"-답-"还表示"具有某种特性"，如"남자답다（有男子气概），학생답다（像个学生）"等。例（137）b"보배롭다"中的"-롭-"具有将名词转换为形容词的功能，只有以元音结尾的词根才能与"-롭-"结合，构成形容词。除了名词词根"보배"之外，"-롭-"还可以与冠形词词根、汉字词系列的名词词根结合构成形容词，如"새롭다（新；宝贵），평화롭다（和睦，和平）"。此外，"-롭-"还可以与不规则词根搭配使用，如"번거롭다（烦琐，复杂）"。由于以辅音结尾的名词词根无法与"-롭-"结合构成形容词，所以像"행복（幸福），사랑（爱）"等名词，如果要转化为形容词，就需要添加后缀"-스럽-"，构成"행복스럽다（幸福的），사랑스럽다（惹人喜爱的）"。由于"-롭-"与名词词根结合时受语音规则的限制，因而其能产性远远不及后缀"-스럽-"。"-스럽-"可以接在有情名词、无情名词、表达抽象意义的名词、含有后缀"-성"等的名词词根之后，表示"具有该性质"，如"어른스럽다（老成，老气横秋），짐스럽다（负担），복스럽다（有福相），귀염성스럽다（可爱）"

等。因没有达到某种标准，而感到惋惜时，也可以使用"-스럽-"，如"한심스럽다（令人寒心的），실망스럽다（感到失望的）"。"-스럽-"还可以与不规则词根连用，如"던적스럽다（卑鄙；肮脏；无耻）"。"-스럽-"在造词过程中较为积极，可以打破"阻滞现象"，创造出与"신비롭다（神秘的，神奇的，奇妙的），명예롭다（荣誉的，荣耀的，光荣的）"等含义较为相似的"신비스럽다（神秘的，神奇的，奇妙的），명예스럽다（荣誉的，荣耀的，光荣的）"。例（137）b"기름지다"中的后缀"-지-"附于名词词根之后，是表示"性质或状态"的后缀，类似的形容词还有"비탈지다（倾斜的），네모지다（呈方形的），값지다（值钱的）"等。

例（137）c是动词词根与后缀结合构成形容词的例子。"아깝다"是动词"아끼다（节约；珍视）"的词根后添加"-압-"构成的形容词，"-업-"是"-압-"的交替形态。无论是动词、形容词、拟声词、拟态词，还是不规则的词根都需遵循元音和谐现象。例如，形容词"반드랍다/번드럽다（光滑；圆滑）"是拟态词"반들반들/번들번들（光光地，亮亮地，滑滑地；游手好闲地）"分别与"-압-"、"-업-"结合后形成的形容词。"스스럽다（不太亲密，不太亲近），더럽다（污浊的）"是不规则词根"스스-，덜-"与后缀"-업-"组合而成的形容词。例（137）c中的"놀랍다（令人惊叹的）"是动词"놀라다（受惊；惊讶）"的词根添加后缀"-ㅂ-"构成的形容词。与这种构词方法类似的还有"그립다（思念）"。"우습다"是在动词"웃다（笑）"的词根"웃-"之后添加"-읍-"转化而来的形容词。

例（137）d是拟态词的词根后添加后缀"-하-"派生出形容词的例子。如前所述，拟声词与拟态词接后缀"-거리"派生出的动词会失去叠词性，如"반짝거리다（明亮，一闪一闪），새근거리다（略喘；轻轻喘气），아장거리다（步履蹒跚；缓步而行）"，而拟声词或拟态词连接后缀"-하-"派生出的例（137）d中的形容词则不会失去其原有的叠词性。类似的形容词还有"바삭바삭하다（酥脆），알록달록하다（花花绿绿），사근사근하다（和蔼可亲）"等。

4.副词派生法

在韩国语的副词派生法中，存在通过词汇派生法构成的副词，也存在通过句法派生法构成的副词。不过，通过前者派生出的副词的数量远远少于后者。像"더욱이（更加，越来越），일찍이（提早；以往，以前）"，是由以辅音结尾的副词词根"더욱-，일찍-"添加后缀"-이"构成的新的副词；"가만히（静静地，安静地）"是由副词"가만"添加后缀"-히"构成的新的副词。因未改变原词的词性，所以这类派生法属于词汇派生法。与之相反，例（138）是由其他词性的词构成副词的例子，因改变了原词的词性，所以这类派生法属于句法派生法。

(138) a. 고요히　　　　　정말로　　　　마음껏　　　　맹세코
　　　　寂静；静谧　　　真的　　　　　尽情地　　　　发誓；起誓
　　　b. 차마　　　　　　비로소
　　　　忍心；堪　　　　方才
　　　c. 많이　　　　　　깊이　　　　　빨리
　　　　多；很　　　　　深深地　　　　快；赶快

　　如例（138）所示，在构成副词时，"-히，-껏，-이"等是使用频率较高的后缀。例（138）a是名词词根添加后缀派生出副词的例子。"고요히"是名词词根"고요"附加后缀"-히"构成的副词。与此类似的词还有"정확히（清楚地；明确地），우연히（偶然地）"等汉字词。"정말로"是名词词根"정말"后加"-로"构成的副词。"로"通常情况下被视为表示"手段、方法；材料；理由、原因"等含义的助词，但从构词的角度分析，"-로"应该被视为后缀，因为"-로"具备将名词转化为副词的功能，如汉字词"진실로"。同时，"-로"还可以放在不规则词根，如"거꾸"之后，构成副词。例（138）a"마음껏"中的"-껏"有"尽量，一向"之义，"힘껏（用力，用劲），기껏（尽力，竭尽全力），지금껏（至今，直到现在）"与其构词方法类似。"맹세코"中的"-코"主要用于汉字词系列的名词词根之后，表示"程度"，类似的词还有"결단코（一定，必定），무심코（无意间）"等。

　　例（138）b是动词词根添加后缀派生出副词的例子。"차마"是动词词根"참-"后面添加"-아"构成的副词。"비로소（方，才）"是由动词词根"비롯-"与后缀"-오"结合，形成的副词。"-오/-우"在构词的过程能产性不强，因此动词或形容词以这样的方式派生出副词的例子也十分有限。与例（138）b构词方式类似的词，还有"너무（非常）"。"너무（非常）"是由动词词根"넘-"后添加后缀"-우"构成的副词。此外，形容词词根添加后缀"-오/-우"也可构成副词，如"바투（紧紧地），자주（经常）"等。

　　例（138）c是形容词词根添加后缀派生出副词的例子。"-이，-리"是形容词副词化过程中最具代表性的后缀。"-이"不仅可以与"많이，깊이，같이（与……相同；一起，一同）"等以辅音结尾的形容词词根连用，也常与叠词性较强的名词词根或者副词词根连用。像"일일이（逐个；详细地），낱낱이（一一地，全部地）"，就是由具有叠词性的名词词根"일일（一日，一天），낱낱（一一，一个个）"与后缀"-이"组合而成的副词。"나직이（矮矮地；低低地）"是拟态副词"나직나직（矮矮地；声音低沉地）"失去叠词性后，与"-이"结合组成的副词。"진득이（稳重地，沉着地，耐心地）"是拟态副词"진득진득（黏黏地；坚韧地）"失去叠词性后，与"-이"结合组

成的副词。同时，"-이"还可以与不规则词根结合，构成副词，如"깨끗이（干净地），느긋이（从容地，悠然地）"等。"-리"主要接在以"르"结尾的形容词词根或是以"ㄹ"为收音的部分形容词词根之后。与"빨리"构词方法类似的还有"멀리（远，遥远），달리（不同，不一样）"等词。

四、合成法

合成法（합성법）是将两个或两个以上的实质词素即词根，按照一定的顺序组合成词的一种构词方法。由合成法构成的单词被称为合成词（합성어）。척척박사（百事通）、맛보다（品尝）、붙잡다（紧抓；揪住；挽留）、재바르다（敏捷，利落）、몇몇（若干，几）"等词都属于合成词，它们均由两个词根按照不同的方式组合而成。

（一）合成法的种类

依据词根的组合方式，可以将合成法分为句法合成法（통사적 합성법）与非句法合成法（비통사적 합성법）。"句法合成法"是指两个或两个以上的实质词素即词根在组合时，其排列顺序以及组合规则完全遵循韩国语句法规则的合成法；"非句法合成法"是指两个或两个以上的词根在组合时，其排列顺序以及组合规则不受韩国语句法规则限制的合成法。

(139) a. 앞뒤　　　작은엄마　　갈아입다　　재미나다
　　　　前后　　　婶婶　　　　换；换穿　　有趣；有意思
　　　b. 늦가을　　높푸르다
　　　　晚秋　　　又高又蓝

例（139）a中的"앞뒤"是由两个名词词根组合而成的合成词。"작은엄마"是形容词的冠形词形"작은"与名词词根"엄마"结合而成的合成词，这种结构完全符合韩国语词汇的排列顺序与组合规则。例（139）a中的"갈아입다"是以连接词尾"-아"为媒介，将动词词根"갈-"与另一个动词词根"입-"相连接，构成的合成词。"재미나다"是按照"主语+谓语"的结构构成的合成词。例（139）a中合成词的构词成分的排列顺序和组合方式完全符合韩国语的句法规则，因而属于句法合成词（통사적 합성어）或叫规则合成词。

例（139）b中的合成词的构成方式有些不同。按照例（139）a中"작은엄마"的构词方式来分析，谓词词根与体词词根结合构成合成词时，需要添加谓词的冠形词形，因

此,"늦가을"应改写为"늦은가을"才符合句法规则,但实际上,形容词词根"늦-"在没有冠形词形词尾"-은"的帮助下,可以直接与名词词根"가을"结合。例(139)b中的"높푸르다",如果按照韩国语词汇的组合规则,写作"높고 푸르다(高而蓝)"才正确,即两个形容词词根必须借助连接词尾的帮助才能实现相连。像这样,构成成分的排列顺序违背韩国语词汇排列顺序与组合规则的合成词就叫作非句法合成词(비통사적 합성어)或叫不规则合成词。在现代韩国语中,非句法合成词在数量上要少于句法合成词。

(二)合成词与词组的区别

句法合成词与词组很容易混淆,但可以从语音、语义、语法规则,以及实际动作的发生顺序与合成词构成成分的顺序是否一致等几个方面来区分。首先,从语音形式上看,如例(140)a所示,合成词的构成成分之间的距离很紧凑,其语音结构具有整体性,内部无法停顿;而如例(140b)所示,词组的构成成分之间通常隔写或是用逗号隔开,即词组内部可以出现语音停顿。

其次,从语义上看,合成词的语义一般是隐化的,即合成词的语义并非是两个或两个以上词根含义的简单叠加,而是将几个词根的意义相融合后,产生新的含义,但词组的含义通常为构成成分意义的单纯相加。例如,例(140)c中的合成词"작은딸"指代"家中排行最小的女儿",而例(140)d中的词组"작은 딸"指代"个子小小的女儿"。英语中也存在类似的例子,如greenhouse一词的语义并非green(绿色)与house(房子)语义的简单相加,而是有额外的语义"温室,暖房",因而greenhouse在英语中称为复合词。若要表达"绿色的房子",就应写作green house,这里green house则为green和house语义的单纯叠加,因而在英语中称其为短语。此外,合成词的构成成分中间不能插入其他成分,但根据表达上的需要,词组的构成成分之间却可以添加其他成分。例如,可以在"작은 딸"中间添加"우리",构成"작은 우리 딸(个子小小的我的女儿)",以此拓展原有词组的结构。"작은딸"这一合成词的内部就无法添加其他成分,这是因为合成词的语义是明确的,具有专指性。在英语中,短语在句法上是可以拆分的,例如,在I pick them up这句中,pick up中间可以添加其他成分,因而pick up不是复合词,而是短语。

再次,从语法规则上看,如前所述,在合成词的构词方法中,有些合成词的构成是符合韩国语句法规则的,有些则不符合。如例(140)e中的"늦잠",是由"形容词词根+名词词根"构成的合成词,显然这一结构不符合韩国语的句法规则。词组中词和词之间的组合结构一定是符合韩国语词汇排列的一般顺序与组合规则的,如例(140)f所示,副词出现在形容词之前,修饰形容词,形容词的词干之后只能添加词尾,表示特定

的语法含义。在英语中，一般情况下，"形容词+名词"的组合结构如果能够接受quite、fairly、very等副词的修饰，那么这个组合结构就不是复合词，而是短语。

此外，为了区分合成词和词组，还可以依据动作的实际发生顺序与构成成分的出现顺序是否一致来进行判断。当动作的实际发生顺序与构成成分出现的顺序不一致时，那么这个语言单位就是合成词。如例（140）g所示，由于"건너뛰다"涉及的两个动作，即"건너다（过）"与"뛰다（跳）"，出现的顺序与实际动作发生的顺序完全相反（应为跳过），且这两个动作无法表述为"건너서 뛰다"，因此，"건너뛰다"只能被看作合成词，而非词组。类似的合成词还有"알아듣다（听明白），알아차리다（意识到），깨물다（用力咬；强忍）"等。

(140) a. 아버지께서는 <u>책가방</u>을 사 줬어.
爸爸给我买了书包。
b. 아버지께서는 <u>책, 가방</u>을 사 줬어.
爸爸给我买了书、包。
c. <u>작은딸</u>은 큰딸보다 공부를 열심히 한다.
小女儿比大女儿学习认真。
d. 키가 <u>작은 딸</u>은 공부를 열심히 한다.
个子小小的女儿学习认真。"
e. <u>늦잠</u>을 자서 학교에 지각했어요.
因为睡懒觉，所以迟到了。
f. 이 노래의 박자가 <u>아주 늦습니다</u>.
这首歌的节拍非常慢。
g. 이쪽에서 저쪽으로 <u>건너뛰었다</u>.
从这边跳到那边。

（三）合成名词

依据合成法构成的词类主要有名词、动词、形容词、冠形词与副词等。其中，合成名词（합성명사）是指通过句法合成法或是非句法合成法构成的名词。根据词根之间的关系以及词根的词性，可以将句法合成名词与非句法合成名词分为以下几种类型。

(141) a. 눈코　　　안팎　　　　위아래
眼睛鼻子　里外　　　　上下；高低

b. 앞치마	고무장갑	길바닥	책갈피		
围裙	橡皮手套	路面	书签		
c. 새집	헌옷	주원인			
新家	旧衣服	主要原因			
d. 큰누나	작은아들	먹을거리			
大姐	小儿子	吃的；可吃的			
e. 갈림길	비빔구수	돌림병	날림건물	거스름돈	
岔路口	拌面	流行病；传染病	豆腐渣建筑	找的零钱	
f. 말다툼	옷차림	목마름			
吵架	穿衣；打扮	口渴；渴望			
g. 코감기	흔들의자	선들바람	알록점	늦더위	
伤风	摇椅	微风	斑点；花斑	秋老虎	

在现代韩国语的合成词中，合成名词占据的比重最高。例（141）a—f中的合成名词属于句法合成名词，而例（141）g中的合成名词属于非句法合成名词。其中，例（141）a是由两个名词词根不分主次、对等地连接起来而构成的合成名词，两个名词词根之间的关系属于对等关系。例（141）b是以前面的名词词根修饰或限定后面的名词词根的方式构成的合成名词，所以两个名词词根之间的关系属于从属关系。基于此，例（141）a中的合成词称为"对等合成词（대등적 합성어）"，而例（141）b中的合成词被称为"从属合成词（종속적 합성어）"。在名词合成法中，从属合成法（종속적 합성법）是构词能力最强的一种合成法。例如，仅使用"눈（眼睛）"，就可以构成诸如"눈물（眼泪），눈망울（眼球，眼珠），눈빛（眼神），눈사람（雪人），눈시울（眼眶）"等合成名词。

例（141）c是冠形词词根和名词词根结合构成合成名词的例子。这三个词是由性状冠形词词根"새，헌，주"分别与名词词根"집，옷，원인"结合构成的合成名词。例（141）d是谓词的冠形词形与名词词根结合构成合成名词的例子。能够参与构成合成名词的冠形词形词尾主要有"-（으）ㄴ，-（으）ㄹ"。其中，"큰누나，작은아들"是分别由形容词"크다（大、高、长），작다（小、细、矮）"在冠形词形词尾"-（으）ㄴ"的帮助下，变为其冠形词形之后，再与名词词根结合而构成的合成名词。"먹을거리"是动词"먹다（吃）"的词干"먹"在冠形词形词尾"-（으）ㄹ"的帮助下，变为其冠形词形之后，再与依存名词词根结合而构成的合成名词。

例（141）e是动词的名词形与名词词根组成合成名词的例子。例（141）f是名词词根与动词的名词形组成合成名词的例子。从功能上看，例（141）e中的"갈림，비빔，돌림，날림，거스름"在句中作名词的谓语（길이 갈리다，국수를 비비다，병

을 돌리다, 건물을 날리다, 돈을 거스르다),因而需要先转换为名词形后,才能连接名词词根构成合成名词。例(141)f中合成名词的构词成分的排列顺序(말을 다투다, 옷을 차리다, 목이 마르다)符合韩国语的句法规则,因而属于句法合成词。

例(141)g是通过非句法合成法构成的合成名词。根据韩文拼写法的规定①,从语音规则的角度分析,当遇到以下情况,就需要添加"ㅅ"。第一种情况,由两个或两个以上的固有词系列的名词词根结合,且第一个词根以元音结尾,在构成合成名词时,需要在第一个词根的末尾音节后添加"ㅅ"。这类合成名词有"나뭇가지(树枝),맷돌(石磨),귓밥(耳垂),아랫집(下边的邻居),조갯살(蛤蜊肉),텃마당(公共打谷场),멧나물(山野菜),나뭇잎(树叶)"等。第二种情况是,当固有词系列的名词词根与汉字词系列的名词词根结合,且第一个词根的末尾音节是元音,在构成合成名词时,需要在第一个词根的末尾音节后添加"ㅅ"。属于这种情况的合成词包含"뱃병(胃肠病),전셋집(出租房),자릿세(摊位税),봇둑(蓄水坝),샛강(环形支流),훗날(日后),양칫물(漱口水),훗일(以后的事)"等。最后一种情况为,当两个汉字词系列的名词词根结合而构成合成名词时,原则上不需要在第一个词根的末尾音节之后添加"ㅅ",但也存在特例,属于这种情况的合成词仅有"곳간(储藏室),셋방(出租房),숫자(数字),찻간(车厢),툇간(退间),횟수(回数)"。

从意义层面来讲,当先行词根表示的是后行词根的"时间、场所、起源和归属(通常先行词根为无情物)、用途、目的"等含义时,一般来说,需要在第一个词根的末尾音节后添加"ㅅ",如"어젯밤(昨夜),뒷집(后一家),나뭇잎(树叶),촛불(烛火),담뱃가게(香烟铺)"等。当然,也存在诸如"봄비(春雨),안방(里屋),솔방울(松塔),술잔(酒杯)"等符合上述条件,但在标记上未能显现出"ㅅ"的特例。当先行词根与后行词根是对等关系,或者先行词根表示的是后行词根的"现象、材料、手段、方法、起源和所有主(通常先行词根为有情物)"等含义时,一般来说,不需要在第一个词根的末尾音节后添加"ㅅ",如"강산(江山),소나기밥(暴食),나무배(木船),전기다리미(电熨斗)"等。当然,也存在诸如"고깃국(肉汤),김칫국(泡菜汤)"等符合上述条件,但在标记上却显现出"ㅅ"的特例。基于上述语音和意义层面的规定,我们发现例(141)g中的"코감기"属于通过非句法合成法构成的合成名词。

例(141)g中的"흔들의자"是由动词词根"흔들-"与名词词根"의자"结合而成的合成名词。谓词词干后直接添加名词是不符合韩国语的句法规则的。从构词的角度来说,这种构词方法属于非句法合成法。"선들바람"是拟态副词"선들선들(轻轻,

---

① 서상준, 손춘섭.한국어 어문 규범[M].서울: 역락, 2013: 100-103.

习习)"失去了叠词性后,与名词词根"바람"结合而构成的合成名词。依据韩国语的句法规则,性状副词主要用来修饰或限定谓词的状态或程度,副词修饰名词的组合方式是有悖于韩国语句法规则的,因而"선들바람"的构词方法也属于非句法合成法。"알록점"的构词方式与"선들바람"的构词方式类似,只不过"선들바람"是由拟态副词词根与固有词系列的名词词根结合而成的合成名词,而"알록점"是由拟态副词词根与汉字词系列的名词词根结合而成的合成名词。"늦더위"是形容词词根"늦-"与名词词根"더위"组合而成的合成名词,由于违背了韩国语的句法规则,因而"늦더위"也属于非句法合成词。

这里需要注意的是,非句法合成名词的修饰部分与派生词的前缀很容易混淆。派生词的前缀不会作为谓词的词干出现,而非句法合成名词的修饰部分可以作为谓词的词干出现。例如,"맨손(空手)"中的前缀"맨-(光着,赤着)"不会作为谓词的词干出现,但"늦더위"中的"늦-"则可作为形容词"늦다(慢,迟,晚)"的词干出现。

英语中的合成名词有19种构词格式,汉语中的合成名词有12种构词格式。[①]合成名词的内部结构关系包含主谓、动宾、偏正、并列几种句法关系。与韩国语类似,英语和汉语中的合成名词也包含句法合成词与非句法合成词两类。例如,在含有主谓关系的合成名词中,汉语遵循句法规则,构成"名词+动词"的形式,如"头疼、口误、海啸"等,而英语中有sunrise、watchdog等。再比如,汉语中的动宾关系类合成名词均为符合句法规则的"动词+名词"的形式,如"吃饭、打人、行事"等;英语中含有动宾关系的合成名词存在"动词+名词(pushbutton)、名词+动词(haircut)、名词+动词+ing(report writing)、动词+ing+名词(washing machine)"等形式,它们中有些属于句法合成词,有些属于非句法合成名词。在含有并列关系的合成名词中,汉语中也存在诸如"名词+形容词(父老)""名词+动词(情感、功劳)"等非句法合成名词。

(四)合成动词

动词合成法跟名词合成法一样,包括句法合成法和非句法合成法两种形式。

(142) a. 철들다　　　목마르다　　　화나다　　　속타다
　　　　　懂事;明理　　口渴　　　　生气　　　　担心;焦虑
　　　　b. 천트다　　　성내다　　　　벌받다　　　틈타다　　　애쓰다
　　　　　被推荐　　　发怒;发火　　受罚;挨罚　趁空儿　　　努力;费心

[①] 张维友.英汉语词汇对比研究[M].上海:上海外语教育出版社,2010:93-99.

c. 앞두다　　　　뒤서다　　　　　마을가다
剩下　　　　　跟踪　　　　　　串门
d. 앞당기다　　　바탕삼다　　　　뒤돌다
拉到前面　　　以……为基础　　　向后转
e. 알아보다　　　갈아타다　　　일어서다　　　　물어내다
调查；了解　　换乘　　　　起立；起身　　　赔偿
f. 싸고돌다　　　먹고살다　　　　　파고들다
围着转　　　　维持生计　　　　　钻研；钻进
g. 내려다보다　　바라다보다　　　　넘어다보다
俯视　　　　　凝视　　　　　　　望过去
h. 가로지르다　　못살다　　　　　바로잡다　　　그만두다
横插；横穿　　穷；忍受不了　　纠正　　　　中止；放弃
i. 얽매다　　　　뛰놀다　검기울다　　오르내리다
捆；束缚　　　跑着玩　黑云遮天　　上上下下

　　合成动词虽然在数量上不及合成名词，但其数量明显多于合成形容词。在合成动词中，除了特殊情况之外，位于最后的词根通常为动词词根。依据先行词根的词性，可以将合成动词分为以下几类。例（142）a是以"名词词根+动词词根"的形式构成的合成动词。从句法关系上看，两个词根之间为"主语+谓语"的关系。"철이 들다, 목이 마르다, 화가 나다, 속이 타다"省略主格助词之后，就可以得到例（142）a中的合成动词。以这种方式构成的合成动词还有很多，如"성질나다（气），겁나다（心怯；害怕），멍들다（留下创伤；出问题）"等。例（142）b中的合成动词，其构词成分的顺序与例（142）a一样，只不过，从句法关系的角度分析，两个词根之间为"宾语+谓语"的关系。"천을 트다, 성을 내다, 벌을 받다, 틈을 타다, 애를 쓰다"省略宾格助词后，即可得到例（142）b中的合成动词。以这种方式构成的合成动词还有"욕먹다（挨骂；受辱），힘쓰다（用劲；帮助；做出贡献），일보다（工作；帮忙）"等。

　　例（142）c、d是以"名词词根+动词词根"的形式构成的合成动词。从句法关系上看，两个词根之间为"状语+谓语"的关系。例（142）c是"앞에 두다, 뒤에 서다, 마을에 가다"去掉表示"地点、场所"的副词格助词"에"后，形成的合成动词。例（142）d中的合成动词分别是"앞으로 당기다, 바탕으로 삼다, 뒤로 돌다"去掉表示"场所、方向或手段、方法、工具"的副词格助词"-(으)로"之后形成的。

　　例（142）e—g是在两个动词词根中间添加连接词尾构成的合成动词。其中，例（142）e中的"알아보다"是在动词"알다（知道）"的词根"알-"与动词"보다（看）"的词根"보-"中间添加连接词尾"-아"后，形成的合成动词。"갈아타다"与

"알아보다"的构词方式类似。"일어서다，물어내다"是通过添加连接词尾"-어"实现第一个动词词根与第二个动词词根的连接，从而形成的合成动词。例（142）f是在前后两个动词词根之间添加对等的连接词尾"-고"后，形成的合成动词。例（142）g是在前后两个动词词根之间添加从属连接词尾"-아다/어다"后，形成的合成动词。例（142）h是以"副词词根+动词词根"的形式构成的合成动词，从句法关系的角度分析，两个词根之间为"状语+谓语"的关系。

在没有连接词尾帮助下，例（142）i中的合成动词的第一个词根，直接与后面的动词词根连用，这显然不符合韩国语句法规则，因而，例（142）i是通过非句法合成法形成的合成动词。其中，"얽매다"与"얽어서 매다"的结构相似；合成动词"뛰놀다"与"뛰면서 놀다"的构成相似。"검기울다"是由形容词词根"검-"与动词词根"기울-"组合而成的合成动词，其含义为"검게 기울다"，而合成动词"오르내리다"与"오르다가 내리다"的结构相似。

英语中的合成动词少于合成名词与合成形容词。合成动词的结构格式分为"名词+动词（sunbathe）、形容词+动词（blackmail）、名词+形容词（air-dry）、动词+动词（look-see）、副词+动词（overcome）"等。汉语中的合成动词在数量上不亚于合成名词与合成形容词，合成动词的结构格式多于英语与韩国语，其主要构词方式为"名词+动词（瓜分）、形容词+动词（公判）、动词+动词（照看）、副词+动词（互动）、形容词+形容词（满足）、动词+名词（起草）、动词+形容词（抓紧）"等。此外，英语和汉语中的合成动词的内部结构关系以偏正结构居多。

（五）合成形容词

通过句法合成法与非句法合成法两种方式可以构造出韩国语中的合成形容词。如前所述，合成形容词在数量上远不及合成名词与合成动词，其构词方式也不及合成名词与合成动词多样化。在合成形容词中，除了特殊情况之外（맛나다，풀죽다，목마르다，덜하다，뛰어나다等），最后一个词根通常为形容词词根。根据合成形容词中占据首位的词根的词性，可以将其分为如下几种类型。

（143） a. 숨차다　　　낯익다　　　재미없다　　　값비싸다
　　　　　 喘气　　　　面熟　　　　没意思　　　　贵
　　　　b. 남부럽다　　남다르다　　깨알같다　　　손익다
　　　　　 羡慕　　　　与众不同　　小而有趣　　　熟练
　　　　c. 깎아지르다　게을러빠지다
　　　　　 陡峭　　　　懒得要命

d. 차디차다　　　붉디붉다　　기나길다　　　　하고많다
冰凉　　　　　　红彤彤　　　长；漫长　　　　非常多
e. 다시없다　　　잘생기다　　못나다
很难再有　　　　好看；漂亮　长得丑；没有出息
f. 검붉다　　　　높푸르다　　굳세다
黑红；暗红　　　蔚蓝　　　　结实；壮实

　　例（143）a是由名词词根结合形容词词根构成的合成形容词。从句法关系的角度分析，两个词根之间为"主语+谓语"的关系。"숨이 차다, 낯이 익다, 재미가 없다, 값이 비싸다"去掉主格助词"이/가"后，就可以得到例（143）a中的合成形容词。例（143）b也是由名词词根与形容词词根结合构成的合成形容词。从句法关系的角度分析，两个词根之间为"状语+谓语"的关系。"남에게 부끄럽다, 남과 다르다, 깨알과 같다, 손에 익다"去掉副词格助词后，就可得到例（143）b中的合成形容词。例（143）c是谓词词根以连接词尾"-아/-어"为媒介构成的合成形容词。"깎아지르다"是动词词根与动词词根组合而成的合成形容词。"게을러빠지다"是形容词词根与动词词根构成的合成形容词。例（143）d中的合成形容词"차디차다, 붉디붉다, 기나길다"又叫重叠式合成词（반복합성어），这些合成形容词是通过在两个词根之间添加"-디-或-나-"实现的。此外，它们以冠形词形这种活用形态出现的情况较多，如"차디찬（물）, 붉디붉은（노을）, 기나긴（세월）"等。"하고많다"则是在两个词根之间添加连接词尾"-고"后，形成的合成形容词。例（143）d中的合成形容词在活用时，受到的限制多于其他形容词，即它们多用于书面表达中。例（143）e是由副词词根连接谓词词根构成的合成形容词。例（143）a—e属于由句法合成法构成的合成形容词。依据韩国语的句法规则，在没有连接词尾帮助的情况下，两个形容词词根是不能够直接结合的，因而例（143）f属于由非句法合成法构成的合成形容词。

　　汉语和英语中的合成形容词也包含句法合成词与非句法合成词。合成形容词内部主要的句法结构为"动宾关系与偏正关系"，当然也存在少量的"并列关系与主谓关系"。例如，"动词+名词（贴心、吃力、cut-rate、break-neck）"属于含有"动宾关系"的合成形容词。"名词+形容词（铁青、war-weary）、形容词+名词（高档、full-time）、形容词+形容词（鲜红、blue-green）"等属于含有"偏正关系"的合成形容词。

（六）合成副词

　　韩国语中的合成副词在数量上远远少于合成名词、合成动词以及合成形容词。合成副词中位于最后边的词根的词性以名词词根和依存名词词根居多，这是合成副词的显著特征。合成副词可以通过句法合成法与非句法合成法两种方式构成。根据词根的词性，合成副词可以分为以下几种类型。

（144）a. 똑바로　　　곧바로　　　또다시　　　더욱더
　　　　 径直；如实　立即；径直　再次　　　 更加
　　　 b. 밤낮　　　　어제오늘　　오늘날
　　　　 日夜　　　　昨天和今天　当今时代；如今
　　　 c. 한층　　　　어느새　　　어느덧　　　온종일
　　　　 进一步；更　无形中；不知不觉间　不知不觉　终日；一整天
　　　 d. 이른바　　　된통
　　　　 所说的；所谓　非常；很
　　　 e. 여기저기　　이것저것
　　　　 到处；四处　这个那个
　　　 f. 너무너무　　깡충깡충
　　　　 太；过于　　蹦蹦跳跳地
　　　 g. 하나하나　　가지가지
　　　　 一个一个　　多种多样
　　　 h. 철없이　　　밤낮없이　　하루빨리
　　　　 不懂事　　　没日没夜　　尽快

如例（144）所示，通过句法合成法与非句法合成法，不同词性的词根结合可以构成合成副词。例（144）a是副词词根与副词词根结合构成合成副词的例子。例（144）b是由名词词根结合名词词根构成合成副词的例子。例（144）c中的合成副词的结构为"冠形词词根+名词词根"。例（144）d是由谓词的冠形词形搭配依存名词词根构成的合成副词。例（144）e是由两个不同的指示代词词根结合构成合成副词的例子。例（144）f是由相同的副词词根重叠使用构成的合成副词。在韩国语中，由拟声、拟态副词构成的合成副词在数量上较多，这也算是合成副词的另一大特征。例（144）g是由数词或名词词根反复出现构成合成副词的例子。例（144）h是由名词词根结合副词词根构成的合成副词，由于构成成分的组合有悖于韩国语的句法规则，因而例（144）h是通过非句法合成法构成合成副词的例子。

（七）重叠合成词

重叠合成词（반복합성어）是指两个语义相同或相近的词根重叠而成的合成词。重

叠合成词中存在由不规则词根重叠构成合成词的情况。重叠合成词主要分为重叠名词以及重叠副词两种类型。

(145) a. 일일　　　　　집집　　　　　　남남
一日；一天　　各家各户　　　外人；陌生人
b. 사이사이　　　가지가지　　　미주알고주알　　　안달복달
中间；当中　　多种多样　　　一切；全部　　　　焦急；心急
c. 빨리빨리　　　언뜻언뜻　　　거듭거듭
快；赶快　　　突然；猛然　　屡次；几次三番
d. 하나하나　　　　　　　　굽이굽이　　　　　　　　군데군데
一个一个；一个一个地　每个弯角；蜿蜒地　　　　多处；到处
e. 두고두고　　　가나오나　　　오락가락　　　　　　왔다갔다
永远　　　　　不管怎样　　　来来回回；断断续续　（人）来来往往
f. 비틀비틀　　　흠칫흠칫　　　달그락달그락　　　　　　　　꿈틀꿈틀
跟跟跄跄　　　一抖；一激灵　（小硬物碰撞，晃动时）咔嗒咔嗒　蠕动
g. 오순도순　　　갈팡질팡　　　　　　부드득
亲切地　　　　徘徊；惊慌失措　　　咯吱咯吱（硬物摩擦声）
h. 찰싸닥찰싸닥<철써덕철써덕　　　　팔락팔락<펄럭펄럭　　　똑똑<뚝뚝
（液体拍打坚硬物体声）哗啦　　　　哗啦啦（飘动）　　　　滴滴答答；嘭嘭
i. 보슬보슬<부슬부슬　　　방글방글<벙글벙글　　　구깃구깃<꾸깃꾸깃
（雨、雪）纷纷　　　　　笑盈盈地　　　　　　　皱皱巴巴
j. 딸랑딸랑　　　　　　　　　　　살랑살랑
当啷当啷；毛手毛脚地；（凉风）习习　（水波）荡漾；不断地轻轻摇动

例（145）a是名词词根反复出现构成重叠名词的例子。例（146）b中的"사이사이，가지가지"是名词词根"사이，가지"反复出现构成的重叠副词。"미주알고주알，안달복달"是分别将名词词根"미주알"与"안달"中的第一个音节变为其他音节，并通过剩余音节的反复形成的重叠副词。在拟声、拟态副词构成的重叠合成词中，前后的词根发生语音变化，在读音上不完全一致的重叠现象居多。例（145）c为副词词根与副词词根结合构成重叠副词的例子。例（145）d中的"하나하나"是通过数词词根反复，"굽이굽이，군데군데"是通过名词词根反复形成的重叠合成词，它们既可以作名词，也可以作副词。例（145）e中的"두고두고"是动词的活用形反复出现构成重叠副词的例子。在"가나오나，오락가락，왔다갔다"中，第一个动词词根的含义与第二个动词词根的含义相反，两个动词词根依靠连接词尾构成了重叠副词。例（145）f为拟声词或拟态词词根反复出现形成的重叠副词。在重叠合成词中，尤其是拟声词、拟态词

存在完全反复（완전반복）与部分反复（부분반복）这两种形式。例（145）f是通过完全反复构成的重叠副词。例（145）g中的"오순도순，갈팡질팡"是通过部分音节反复而构成的重叠副词，而"부드득"是音节中的一部分反复而构成的重叠副词。例（145）h是拟声词重叠构成重叠副词的例子。例（145）i为拟态词重叠构成重叠副词的例子。例（145）h、i中的拟声、拟态副词可以用"<"符号来区分重义词（큰말）与轻义词（작은말）或强势语（센말）与送气语（거센말）。重义词、强势语在表达的程度、感觉上与轻义词、送气语相反，偏"大、重、暗、强"。例（145）j是拟声副词与拟态副词共用的例子，像这样的重叠合成词还有"탈탈，헉헉，아삭아삭，사각사각"等。

五、合成词的派生

合成词的派生是一种在合成词前面或后面添加词缀，构成派生词的一种构词方法。依据词缀的位置，合成词的派生可以分为前缀派生以及后缀派生。例如，"날도둑놈（恶贼，强盗），되돌아보다（回头看；回顾）"等属于合成词的前缀派生。"날도둑놈"是在合成词"도둑놈（窃贼）"的基础上，添加表示"凶狠、凶恶"之义的前缀"날-"后派生出的新名词。"되돌아보다"是在合成词"돌아보다（回头看）"之前添加表示"反，返；又，再"之义的前缀"되-"后派生出的新的动词。"뺨치기（巴掌）"是在名词词根"뺨"与动词词根"치-"构成的合成词"뺨치다（超过，胜过）"的基础上，添加了把谓词转化为体词的后缀"-기"之后派生出的名词，因而属于合成词的后缀派生。根据合成词词根之间的句法关系，合成词的后缀派生可以分为以下5种类型。

(146) a. 해돋이
　　　　 日出

　　　b. 글짓기　　　고기잡이　　　오줌싸개
　　　　 作文；写作　 捞鱼；打鱼　　 尿床精

　　　c. 감옥살이　　아래막기　　　옆차기
　　　　 狱中生活　　下拦　　　　　侧踢腿

　　　d. 여닫이　　　미닫이
　　　　 推拉式；推拉门　推拉门

　　　e. 곳곳이　　　집집이
　　　　 到处　　　　家家户户

例（146）a中的"해돋이"是由"主语+谓语"形式构成的合成词词根"해（가）돋-"与后缀"-이"连用，构成新名词的例子。例（146）b是由"宾语+谓语"形式构

成的合成词词根"글（을）짓-，고기（를）잡-，오줌（을）싸-"添加后缀"-기，-이，-개"，派生出新名词的例子。例（146）c中的合成派生词的结构为"状语+谓语"。"감옥살이"是在合成词词根"감옥（에）살-"之后添加后缀"-이"构成的合成派生词。"아래막기，옆차기"是分别在"아래로（무엇을）막-，옆으로（무엇을）차-"的合成词词根"아래막-，옆차-"的基础上，添加把谓词转变为体词的后缀"-기"之后，派生出的名词。例（146）d是由非句法合成的动词词根与后缀"-이"结合派生出的名词。"여닫이"是在由"열다（打开）"与"닫다（关闭）"两个动词的词根"열-"和"닫-"结合而成的非句法合成词"여닫다（开开关关）"的词根"여닫-"之后，添加后缀"-이"而来。"미닫이"的构词方法与"여닫이"类似。例（146）e是重叠合成名词"곳곳（到处，各地），집집（家家户户）"与后缀"-이"连用，派生出新副词的例子。

六、汉字词的构词法

在现代韩国语的词汇中，存在以汉字为基础而产生的词汇，这些词汇传入并融入韩国语的词汇体系中，这类词称为汉字词，如"국민（国民，公民），학생（学生），전국（全国；战国）"等。还有一部分汉字词经由日本流入韩国，如"차용（借用），세관（海关），회원（会员）"等；或是韩国人根据自身需要，在汉字基础上创制的汉字词，如"삼촌（叔叔），대지（宅基地）"等。汉字词虽然被称为"词"，但它们并非都具有独立性。例如，前缀"불-（不），비-（非，不）"与后缀"-적（的，般），-화（化）"等，虽然不具有独立性，但它们也属于汉字词。汉字词的数量远远超过固有词、外来词的数量，在韩国语词汇中所占比例将近60%。

汉字属于表意文字，通常一个音节就是一个词素，一个词素就代表一个汉字，因而汉字词的造词功能强大，在丰富韩国语的词汇方面发挥着重要的作用。以名词"족（族）"为例，它出现在其他汉字之后，与其他汉字一起构成合成名词，如"가족（家族，家庭），민족（民族），종족（种族）"等。同时，它也可以作为后缀，接在少数名词词根之后，构成派生名词，表示"具有某种特征的一类人"，如"장발족（长发族），얌체족（无耻之徒）"等。此外，作为后缀出现的"-족（族）"还可以表示"民族、人"等含义，其造词功能强大，属于单词形成素，这类派生词有"한족（汉族），만주족（满族），여진족（女真族）"等。

（一）汉字词的构词特征

如前所述，构词功能强大是汉字词的重要特征之一。此外，汉字词还具备其他方面的特征。第一，部分汉字词既可以出现在其他汉字词之前，也可以出现在其他汉字词之

后，如"위인（伟人），인간（人间），중국인（中国人）"中的"인（人）"等。第二，汉字词中的部分词兼具词根与词缀的功能，这样的汉字词除了"인（人），족（族）"之外，还有"가문（家门，家族），정치가（政治家）"中的名词词根兼后缀"가（家）"等。第三，汉字词在构成重叠合成词时，其构词方法与固有词存在相似性与差异性。以"허실（虚实，真伪）"为例，如果按照固有词的构词方式，创造出的重叠合成词应为"허실허실"，但实际却是"허허실실（虚虚实实，真真假假）"。类似的词还有"세세년년（岁岁年年），명명백백（明明白白），호호탕탕（浩浩荡荡），시시비비（是是非非）"等。当然，也存在与固有词构成重叠合成词的方式较为类似的汉字词系列的重叠合成词，如"순간순간（每个瞬间），조목조목（逐条）"等，但这种构成重叠合成词的方式较少。最后，在汉字词中，存在能够与词或词组结合的后缀，如表示职业的后缀"-사（士，师）"，既可以与名词"비행（飞行）"结合，派生出新的名词"비행사（飞行员）"，又可以与名词词组"버스 운전（公共汽车驾驶）"连用，构成"버스 운전사（公共汽车司机）"等。

除了以上特征之外，部分汉字词的构成完全遵循了韩国语的语音规则，如"유대（纽带），여자（女子），연세（年龄）"等词的构成，符合韩国语的"ㄴ头音规则（ㄴ 두음 법칙）"，即"ㄴ"无法作为词的首字母出现，凡以"ㄴ"为词首的汉字词，需要将"ㄴ"脱落后改用"ㅇ"进行标记。除了"ㄴ头音规则"之外，现代韩国语中还存在"ㄹ头音规则（ㄹ 두음 법칙）"，即"ㄹ"无法位于词首，以"ㄹ"为首字母的汉字词需要用"ㄴ"代替进行标记，这样的汉字词有"낙원（乐园），노인（老人），내일（明天），양심（良心）"等。其次，汉字词词根与固有词词根结合构成合成词的情况，如"약수터（有矿泉水的地方），달력（日历）"等，以及汉字词作为词缀与固有词词根结合构成派生词的情况，如"친아들（亲生儿子），친어머니（生母），일꾼（帮工），나무꾼（樵夫）"等，在现代韩国语中也非常常见。由汉字词词根构造出的派生词或合成词其词性以名词居多。另外，汉字词的语序与韩国语的基本语序相悖的情况也很常见，如"독서（读书），하차（下车），구직（求职）"等，这是由于汉语的基本语序与韩国语的基本语序不同所致。

（二）汉字词派生法

汉字词中也存在具有很强的造词功能的词缀。依据词缀在词中的位置，汉字词派生法可以分为前缀派生法与后缀派生法两种。

1. 前缀派生法

例（147）中的词缀为汉字词系列的前缀，它们在构词的过程中发挥了积极的作用。

(147) a. 무-（无；没；不）： 무의미　　무관심　　무감각　　무의식
　　　　　　　　　　　　　无意义　　不关心　　没感觉　　无意识
　　　b. 비-（非；不）：　비금속　　비공식　　비매품　　비과학적　　비민주적
　　　　　　　　　　　　　非金属　　非正式　　非卖品　　不科学的　　不民主的
　　　c. 미-（未）：　　　미등록　　미완성　　미성년　　미개발　　미결재
　　　　　　　　　　　　　未登陆　　未完成　　未成年　　未开发　　未裁决
　　　d. 불-（不）：　　　불규칙　　불경기　　불가능　　불공정　　불공평
　　　　　　　　　　　　　不规则　　不景气　　不可能　　不公正　　不公平

例（147）a中的前缀 "무-" 的含义相当于固有词中的 "아님（不，不是）"，而例（147）b—d中的前缀 "비-，미-，불-" 的含义相当于固有词中的 "없음（没有）"。像例（147）b一样，前缀 "비-" 与以 "-적（的，般）" 为后缀的派生词结合，构成新派生词的情况也较为常见。类似的词还有 "비논리적（不合逻辑的），비효율적（低效率的），비인간적（非人的）" 等。通过例（147）b可知，"-적" 仅与汉字词搭配使用。"-적" 可以与汉字词 "인간（人，人类）" 搭配构成 "인간적（人间的）"，而不与固有词 "사람（人）" 搭配构成 "사람적"，这一点也可以印证这一事实。

汉字词后缀 "-적" 与固有词后缀 "-스럽-" 的含义相似。在汉字词中，有些词可以与 "-스럽-" 连用，但不与 "-적" 搭配使用，还有一些汉字词可以与 "-적" 连用，但不与 "-스럽-" 连用。

(148) a. 고통스럽다（√）/고통적（×）　　　다정스럽다（√）/다정적（×）
　　　　　难过；痛苦　　　　　　　　　　　多情的；深情的
　　　b. 개방적（√）/개방스럽다（×）　　　문화적（√）/화스럽다（×）
　　　　　开放的　　　　　　　　　　　　　文化的

一般情况下，"-적" 多与汉字词系列的抽象名词搭配使用，不与表示具体事物的汉字词搭配使用。像 "활자적（活字的），학교적（学校的），의자적（椅子的）" 这样的词是不存在的。"名词词根+-적" 之后不可以添加主格助词和宾格助词，但它与叙述格助词 "이다"、副词格助词 "으로" 连用的频率较高。此外，"-적" 可以受程度副词的修饰，例如 "아주 인간적이다（非常人性）"。

如表9-5所示，除了 "무-，비-，미-，불-" 之外，还有一些汉字词前缀在构词过程中发挥了积极的作用。在表9-5中，"친-，외-，시-，의붓-，생-，양-" 是与家族关系相关的前缀。其中，"의붓-" 是由汉字词 "의부（继父）" 添加 "ㅅ" 后形成的前

缀。"생-, 왕-, 양-, 초-"既可以和汉字词词根搭配，也可以与固有词词根搭配构成新词。前缀"양-"是在韩国的开化时期（개화기），受西方文化的影响而形成的具有代表性的前缀。"최-, 급-"主要位于汉字词词根之前，与词根一起派生出新的名词。

表9-5 具备前缀功能的汉字词

序号	前缀	含义	实例
1	친-	（1）亲；（2）赞成	친동생, 친할아버지, 친조카;친미, 친정부적
2	외-	（1）外公家, 外婆家；（2）外；（3）独, 孤	외할아버지, 외숙;외분비;외아들, 외톨이
3	시-	婆婆家的, 公公家的	시아버지, 시동생, 시어머니
4	의붓-	继, 养	의붓아버지, 의붓어머니, 의붓딸, 의붓아들
5	생-	（1）生；（2）湿, 青；（3）未加工的；（4）亲生；（5）平白无故；（6）狠毒, 严重	생나물, 생쌀, 생김치;생장작, 생나무;생맥주, 생가죽;생부모, 생아버지;생트집, 생고생;생지옥
6	왕-	（1）（用于部分动植物前）王, 粗, 大；（2）非常, 特别	왕거미, 왕세우, 왕잠자리;왕고집, 왕재수, 왕짜증
7	준-	准, 半	준우승, 준결승
8	양-	（1）洋, 西洋, 西方；（2）养, 收养	양파, 양담배, 양약;양부모, 양딸, 양아들
9	최-	最	최고급, 최첨단, 최연소, 최상급
10	급-	（1）突然, 突如其来；（2）急, 猛, 陡, 严重	급가속, 급회전;급경사, 급환자, 급행군
11	초-	（1）超；（2）初	초고속, 초대형, 초능력;초여름, 초봄, 초대면, 초저녁

2. 后缀派生法

韩国语中的汉字词前缀的数量明显少于后缀，这与固有词中前缀在数量上少于后缀是相似的。在汉字词后缀中，造词功能较为强大的后缀有"-공，-수，-사，-가，-자，-원，-관"等。

(149) a. -공（工；工人）： 수리공　　용접공　　인쇄공　　기능공
　　　　　　　　　　　　修理工　　焊工　　　印刷工　　技术工

```
    b.-공 (公)：충무공      태사공       문선공
               忠武公      太史公       文宣公
    c.-수 (手；员；工)：타자수    소방수    무용수    교환수
                       打字员    消防员    舞蹈演员   接线员
    d.-수 (选手；队员)：공격수    수비수
                       进攻队员   防守队员
    e.-사 (士；师；人)：회계사    건축사    변호사    간호사
                       会计师    建筑师    律师     护士
    f.-가 (家;派)：예술가  작곡가  소설가  이론가  외교가  장서가  낙천가
                  艺术家   作曲家   小说家   理论家   外交家   藏书家   乐天派
    g.-자 (者)：노동자     과학자       가입자     방관자
                劳动者     科学工作者    参加者     旁观者
    h.-원 (员)：회사원     연구원       공무원     사무원
                公司职员    研究员       公务员     事务员
    i.-관 (官)：사령관     지휘관       외교관
                司令官     指挥官       外交官
```

例（149）是与"职业、称呼、行政职位"等相关的汉字词后缀。例（149）a、b中的后缀"-공"既可以表示"从事某种工作的工人、工匠"，也可以用在姓、官爵、谥号之后，是古代的一种敬称。例（149）c、d中的后缀"-수"除了表示"员，选手"之外，还有"囚，犯"之义，如"사형수（死刑犯），무기수（无期犯人），미결수（未判刑的犯人）"等。例（149）e中的后缀"-사"来源于汉字"师和士"。"-사"除了可以形容"人"之外，还具有"社；部；辞；寺；史；词；事"等丰富的含义。在例（149）f中，"예술가，작곡가，소설가"的后缀"-가"表示"从事某种专门职业的人"。"이론가，외교가"的后缀"-가"表示"具有某种专长的人"，而"장서가"的后缀"-가"表示"大量拥有某物的人"。此外，后缀"-가"还可以表示"具有某种特别的性格、技能、能力的人"，如"낙천가，소식가（小食家），애처가（疼老婆的人）"等。例（149）g中的"-자"是形容人的后缀，类似的词还有"문학자（文学家），참여자（参与者）"等。此外，它还可以作依存名词出现，表示"者，家伙"等含义，如"낯선 자（陌生人），맞설 자（对抗者）"等。例（149）h中的后缀"-원"除了表示"职业"之外，还可以表示"园；院；元；申请"等含义。例（149）i中的后缀"-관"主要用于表示行政业务的名词后，指代"官员"。除了以上表示"职业、称呼、行政职位"等含义的汉字词后缀之外，如表9-6所示，还有一些汉字词后缀在构词过程中也较为积极。

表9-6　具备后缀功能的汉字词

序号	后缀	含义	实例
1	—성	性；性质	가능성，정확성，창조성，알칼리성，먹성
2	—적	性的，般	문화적，사교적，국가적，전국적
3	—순	(1) 顺序；(2) 旬	선착순，나이순，이름순，번호순；육순，팔순
4	—화	(1) 花；(2) 化；(3) 画；(4) 钱	무궁화，백합화；간편화，합리화；풍경화，서양화；한화，미화
5	—로	(1) 路，线；(2) 道路名称	교차로，항공로；세종로，종로
6	—연	宴，宴会	환송연，축하연，고희연
7	—장	(1) 长，负责人；(2) 葬礼；(3) 家，令，大人；(4) 场，厅；(5) 状，证书；(6) 本；	학교장，의장，공장장；국민장，삼일장；주인장，춘부장；경기장，운동장，축구장；소개장，추천장；일기장，연습장
8	—소	所，班	사무소，연구소，검문소
9	—선	(1) 选集；(2) 船；(3) 线	문학선，걸작선；거북선，여객선；호남선，전화선
10	—여	余，多	십여，이십여，백여
11	—별	别，按	능력별，단계별，성별，직업별
12	—기	(1) 机器；(2) 时期；(3) 记录	비행기，게임기；전성기，노년기；여행기，유람기
13	—구	(1) 口；(2) 出口；(3) 窗口；(4) 工具	하수구，통풍구；하차구，비상구；매표구，접수구；운동구，방한구
14	—료	(1) 费，金；(2) 料，品	보험료，수업료；향신료，조미료
15	—해	海	지중해，다도해，남해，동해，발트해

（三）汉字词合成法

1. 汉字词合成词的结构

根据词根之间的句法关系，经由汉字词合成法形成的合成词主要有以下几种类型。

(150) a. 월출　　　야심　　　가빈

　　　　月出　　　夜深　　　家贫

　　　b. 남행　　　전진　　　북송

　　　　南行　　　前进　　　北送

c. 등산	하차	낙하
登山	下车	落下
d. 휴회	피난	방화
休会	避难	放火
e. 미인	악행	이기
美人	恶行	利器

例（150）中的合成词均由两个汉字词词根构成。从词根与词根之间的句法关系来看，例（150）a为"主语+谓语"结构的合成词，例（150）b为"状语+谓语"结构的合成词，例（150）c与例（150）b中词根的组合顺序相反，为"谓语+状语"结构的合成词。例（150）d中的合成词较好地反映了汉语"谓语+宾语"的基本语序特征。在汉字词合成词中，以"谓语+宾语"及"谓语+状语"的句法关系构成的词居多，而在固有词系列的合成词中，构词成分的顺序多以"宾语+谓语""状语+谓语"的组合顺序出现，如"앞서다（走在前面，领先），열받다（生气）"等。例（150）e为"修饰语+被修饰语"结构的合成词，其内部词根的排列顺序符合韩国语的句法规则。

在现代汉语中，存在双音节的合成词以及复合音节的合成词，其中双音节合成词占据绝大部分，其构成形式主要有以下5种。第一，是由两个词素并列融合而成的"联合式"。根据两个词素意义上的不同，又可分为同义词素的联合与反义词素的联合。前者如"语言、山水、国家"等，后者如"高低、早晚、开关"等。第二，是两个词素存在附加、修饰关系的"附加式"，如"红旗、晚会、秋收"等。第三，是两个词素之间具有补充说明关系的"补充式"，如"推翻、看透、降低"等。第四，是两个词素之间存在陈述与被陈述关系的"陈述式"，如"心虚、胆怯、年轻"等。最后一种为两个词素之间存在支配与被支配关系的"支配式"，如"举重、伤心、知己"等。[1]复合音节合成词其内部各个成分之间的关系较为复杂，需要按照不同的结构关系逐层进行分析，才能搞清楚词内部的结构层次关系。例如，"试验田"首先由"试"与"验"两个词素构成"联合式"合成词，在此基础上，添加词素"田"构成"附加式"合成词。

2. 汉字词合成词的类型特征

在汉字词系列的合成词中，绝大部分词的词性为名词，当然也存在冠形词、副词等词性的合成词。例如，"일이（一二），삼사（三四）"是分别由汉字词数词"일和이""삼和사"结合形成的冠形词。"심지어（甚至，甚至于），어차피（反正），하여간（无论如何，反正）"是分别由三个汉字词，即"甚、至、於""於、此、彼"与"何、如、

---

[1] 胡裕树.现代汉语[M].上海：上海教育出版社，2011：213-216.

间"合成的副词。另外,在汉字词合成词中,构词方式最有特点的合成词就是重叠合成词。如前所述,汉字词系列的重叠合成词与固有词系列的重叠合成词在构词方式上存在相似性与差异性。

除此之外,由于汉字词构词成分的含义较为明确,因而在汉字词合成词的形成过程中,通过"缩略(축약)"方式构造合成词的现象也非常常见,这也是汉字词合成词有别于固有词合成词的另一大特征。

(151) a. 중화인민공화국→중국　　비밀문서→밀서
　　　　 中华人民共和国　中国　　 秘密文书　密信;密件
　　　 b. 임시정부→임정　　　　　노동조합→노조
　　　　 临时政府　临政　　　　　 劳动者协会　工会

例(151)a中的"중국"是选取了第一个音节与最后一个音节构成的合成词。"밀서"是选取了第二个音节和第四个音节组成的合成词。例(151)b中的合成词"임정"和"노조"是从原有汉字词中选取第一个音节和第三个音节组合而成的。像例(151)一样,在汉字词合成法中,这种缩略现象比较常见。在固有词与汉字词结合而成的合成词中,也会发生缩略现象,但不常见。例如,合成词"된장찌개백반(大酱汤配家常套餐)"通过缩略可以得到"된장백반"一词。缩略现象主要出现在日常生活中那些使用频率较高的词汇中。通常情况下,如果一个汉字词由许多个字组成,且字与字之间地位等同,则不会发生缩略现象。例如,"축구경기(足球竞技)"一词就无法写成"축경",因为"축구"与"경기"是两个具有同等地位的词,它们之间没有任何关系,因而不会发生缩略现象。"축구협회(足球协会)"一词就可以写作"축협",这是因为"축구"与"협회"之间存在从属关系。

现代汉语中也存在通过词组缩略构成新词的现象,这些词组通常为表示事物意义的词组。具体构成形式有以下几种。第一,从整体中取中心成分,如"中华人民共和国外交部→外交部"等。第二,省略两个并列成分中的共同语素,如"工业农业→工农业、青年少年→青少年"等。第三,选取词组中的某些成分,如"人民代表大会→人大,人代会、世界博览会→世博会"等。最后,标数概括,如"学会教学,学会育人,学会发展→三学会""民族主义、民权主义、民生主义→三民主义"等。

英语中的缩略词(shortening)主要分为截短词与首字母缩凑词两种类型。其中,首字母缩凑词还可以分为首字母连写词(initialism)与首字母缩拼词(acronym)两个子类。截短词一般用于非正式场合,是保留词的一部分,并将其他部分截去的一种构词方法,如"laboratory→lab"等。首字母连写词是指从一个短语中取出各单词的首字母,进而形成新词，如"chief executive officer→CEO"等。所谓首字母缩拼词，是指把从一个短语中取出的各单词的首字母拼读成一个词的构词方法，如"China Accreditation Test for Translators and Interpreters→CATTI"等。除以上两种类型之外，英语中的部分缩略词还可以与其他词连用构成新词，如"electronic book→e-book"等；也可利用字母与数字谐音构成缩略语，如"I Seek You→ICQ"等，网络用语多采用此类构词形式。

以上分别分析了韩国语、汉语和英语中缩略词的构词方法，由于语言类型不同，缩略词在这三种语言中的结构形式也不尽相同。缩略词结构简单、示意清晰，为表达提供了便利，但缩减不能依个人意愿肆意捏造，必须依据明确的、社会成员约定俗成的原则来进行，否则会引起语言使用上的混乱，造成交际失败。

参考文献

中文文献

[1] 吕叔湘.汉语语法分析问题[M].北京：商务印书馆，1979.

[2] 王力.中国现代语法[M].北京：商务印书馆，1985.

[3] 林从纲，任晓丽.韩国语概论[M].北京：北京大学出版社，2005.

[4] 房玉清.实用汉语语法[M].北京：北京语言大学出版社，2008.

[5] 李得春.韩国语语法教程[M].上海：上海外语教育出版社，2009.

[6] 安炳浩，尚玉河.韩语发展史[M].北京：北京大学出版社，2009.

[7] 邢福义，吴振国.语言学概论[M].武汉：华中师范大学出版社，2010.

[8] 张维友.英汉语词汇对比研究[M].上海：上海外语教育出版社，2010.

[9] 胡裕树.现代汉语[M].上海：上海教育出版社，2011.

[10] 金立鑫.什么是语言类型学[M].上海：上海外语教育出版社，2011.

[11] 金重燮（韩），赵显龙（韩），方圣媛（韩）.韩国语初级语法100[M].北京：外语教学与研究出版社，2011.

[12] 刘小梅.英汉语法对比研究[M].北京：化学工业出版社，2011.

[13] 王丹.大学韩国语语法[M].北京：北京大学出版社，2012.

[14] 王文斌.什么是形态学[M].上海：上海外语教育出版社，2014.

[15] 刘沛霖.韩国语语法[M].北京：商务印书馆，2017.

[16] 刘丹青，曹瑞炯.语言类型学[M].上海：中西书局，2017.

[17] 商务国际辞书编辑部.通用英语语法[M].北京：商务印书馆国际有限公司，2017.

[18] 齐颖.韩汉语法对比研究[M].武汉：华中师范大学出版社，2018.

[19] 刘月华，潘文娱，故韡.实用现代汉语语法[M].北京：商务印书馆，2019.

[20] 尹悦.韩国文化教程[M].上海：华东理工大学出版社，2021.

[21] 邢福义, 吴振国.语言学概论［M］.武汉：华中师范大学出版社，2022.

韩文文献

[1] 이광정.국어품사분류의 역사적 발전에 대한 연구［M］.서울：한신문화사，1987.

[2] 김정숙, 박동호 외.외국인을 위한 한국어문법 1［M］.서울：커뮤니케이션북스，2005.

[3] 김정숙, 김인균 외.외국인을 위한 한국어문법 2［M］.서울：커뮤니케이션북스，2005.

[4] 강현화 외.담화기능에 따른 한국어 유사 문법 항목 연구［M］.서울：한글파크，2005.

[5] 허용, 김선정.외국어로서의 한국어 발음 교육론［M］.서울：박이정，2006.

[6] 성기철.한국어 문법 구조［M］.서울：글누림，2007.

[7] 송경안, 이기갑 외.언어유형론［M］.서울：월인，2008.

[8] 최전승, 최재희, 배주채.국어학의 이해［M］.경기도 파주：태학사，2008.

[9] 윤평현.국어의미론［M］.서울：역락，2008.

[10] 서상준, 손춘섭.한국어 어문 규범［M］.서울：역락，2013.

[11] 백봉자.한국어문법을 어떻게 가르치는가?［M］.서울：하우，2013.

[12] 백봉자.한국어수업을 어떻게 하는가?［M］.서울：하우，2013.

[13] 남기심, 고영근.표준국어 문법론［M］.서울：박이정，2014.

[14] 이진호.국어 음운론 강의［M］.서울：삼경문화사，2014.

[15] 구본관, 박재연, 이선웅 외.한국어 문법 총론1［M］.서울：집문당，2015.

[16] 최규수.한국어 형태론 연구［M］.서울：역락，2016.

[17] 고영근, 구본관.우리말 문법론［M］.서울：집문당，2018.

[18] 송경안.언어의 이해［M］.서울：신아사，2018.

[19] 송경안.언어의 유행과 한국어 그리고 영어［M］.서울：역락，2019.

[20] 이주행.알기 쉬운 한국어 문법론［M］.서울：역락，2019.

[21] 배주채.한국어문법［M］.서울：신구문화사，2020.

[22] 군재일.한국어문법사［M］.서울：박이정，2021.

[23] 최윤곤.한국어 문법［M］.서울：하우，2022.

后　　记

　　语法是语言现象中蕴涵的规则与秩序，它是使用同一种语言的人共同理解、共同遵守的语言的结构法则。"语法"一词源于西文grammar，是一个外来概念。1832年访问日本的德裔荷兰医生西博尔德（Fr.von Siebold）参照西方学者研究拉丁语的方法，以全罗道方言为研究对象，对韩国语的语音现象、语法现象进行了归纳，由此拉开了韩国语语法研究的序幕。此后，其他国家的学者、传教士、外交官也开始基于印欧语言的语法框架对韩国语语法进行研究。其中，法国传教士里德尔（Ridel）在1881年出版的《朝鲜语文法》（*Grammaire Coréenne*）以及美国人元杜尤（Horace Grant Underwood）在1890年出版的《韩英文法》（*An Introduction to the Korean Spoken Language*）最有影响力。由本土学者主导的韩国语语法研究始于1894年的甲午更张（갑오경장）。这一年，高宗皇帝颁布了"总以国文为本，汉文附译，或混用国汉文"的法律敕令，从此在政府公文中开始使用韩文。这一举措推动了"语言和文字整理运动（어문정리운동）"的发展，加快了本土学者对国语语法研究的步伐。周时经于1898年编写的《国语文法》（<국어문법>）、俞吉浚于1909年编著的历史上第一部韩国语语法专著——《大韩文典》（<대한문전>）等，均为大韩帝国时期韩国语语法研究的经典成果。此后，经历日本殖民统治时期、南北分治时期一直到21世纪，韩国学者对于韩国语语法的研究越来越科学、系统、全面、深入，涌现出了崔铉培、洪起文（홍기문）、郑寅承（정인승）、李熙昇、李崇宁、许雄（허웅）、徐正洙（서정수）等一大批知名语法学者。

　　西方人对于韩国语语法研究的初衷始于传教，以及满足与朝鲜半岛往来的需要。本土学者对韩国语语法的研究是为了让韩国民众更好地理解与学习国语语法。对于学习与研究韩国语的中国人而言，研究韩国语语法一方面是为了更好地理解韩国语的语法体系，熟悉这种语言的语言规范，以使自己对韩国语的实际运用合乎语言规范；另一方面，从语言教授者的角度来说，系统地研究韩国语语法，可以预见学习者在语法学习过程中容易出现的问题，以便采取切实可行的教学方法，帮助学习者成功规避语法学习的障碍。同时，当学习者犯语法错误时，教授者能甄别缘由，用其所学语法知识，为学习者答疑解惑，提供有效指导。

韩国语语法是韩国语各级语言单位组合法则的整体。从广义的角度来说，研究韩国语的各级语言单位组合法则的学问就是韩国语语法学，它包含音系学、形态学、句法学、语义学等语言运用原理。狭义的语法学特指形态学与句法学。形态学是涉及词素系统的研究，它是研究词的内部结构和造词规则的领域。句法学是研究语言的不同成分组成句子的规则，或是句子成分之间关系的学问。形态学这一术语最早由德国文豪歌德在19世纪初创构。德国语言学家施莱赫尔于19世纪50年代后期将形态学一词引入语言学领域①，但语言学界对于形态学的研究可以追溯到公元前1600年的古巴比伦时期，当时的研究者对苏美尔语的词汇内部结构进行了细致考察。形态学研究是语法学甚至可以说是语言学研究的有机组成部分，无论是音系学、句法学还是语义学等，均无法脱离"词"来进行研究。罔视形态学的存在，语法学甚至是语言学研究便残缺不全。在韩国语语法研究的历史进程中，也有许多学者倾力于形态学方面的研究，并取得了丰硕的成果。特别值得一提的是，周时经在1914年所著的《语音》(<말의 소리>)一书对韩国语词汇内部的结构与词类进行了详细分析，并提出了"元词（늣씨）"这一概念，它与词素的概念十分接近。此书为韩国语形态学的研究奠定了基础。无论研究哪种语言，形态学领域的研究始终以其在语法学、语言学研究中的特殊意义，以及不可或缺的地位而脚踏实地向前发展。目前，学者已将形态学本体研究拓展至与语言类型学、二语习得等相关学科交叉融合的领域。从语言学习与教学的角度来说，学习或教授一门外语，多半以词素与词为起点。例如，要将韩国语中的形容词"높다"变为名词，就需要在其词干后添加后缀"–이"。后缀"–이"属于依存词素、形式词素，"높이"一词包含了语义信息以及句法信息，从中不难体会到学习与研究词汇内部结构的重要性。

韩国语形态学以研究词及其内部形态结构为落脚点，其研究对象主要涉及韩国语词汇的屈折变化和构成两个方面。屈折法是韩国语形态学研究的首要对象。从语言类型学的角度来看，有些语言的词存在基本形态，根据其在句子中的功能，以及句子时态、语态、人称、数词限定等因素，会发生词形变化，这种现象称为屈折。屈折大致包含以体词为中心的词形变化和以谓词为中心的词形变化。以体词为中心的词形变化叫作格变化，格即体词的功能。以谓词为中心的词形变化通常称为活用，而谓词的活用形态则称为"活用形"。在韩国语中，体词的格变化通过助词来实现，谓词的活用通过词尾来实现。

助词附着在有自立性的体词或是具有体词功能的成分之后，是表示该词与其他词之间语法关系的一类词。助词虽然没有词汇意义，也无法独立充当句子成分，但助词与体

---

① 王文斌.什么是形态学[M].上海：上海外语教育出版社，2014：5.

词结合，可以表明体词在句中的功能，帮助体词实现各种语法含义。根据助词在句中所起的功能和表达含义的不同，韩国语中存在表示语法关系的格助词、连接两个或两个以上具有相同资格体词的接续助词，以及添加特殊含义的补助词。此外，助词还具有区别于其他词类的一些特征。第一，除了叙述格助词"이다"之外，助词一般没有形态变化。第二，一些助词根据先行词开、闭音节的不同而有不同的交替形态，但它们的功能及表达的语法含义完全相同。第三，部分助词在一定规则的支配下，能够与其他助词连用，构成复合助词。第四，格助词"의，가，에게"等在与部分代词结合时，能够使代词的形态发生改变。第五，根据口语体、书面体的不同，助词在使用上也存在差异。第六，在韩国语口语中，主格、宾格等助词可被缩略或省略，但副词格助词无法省略。第七，根据体词属性不同，即使表达相同的语法含义，其后添加的助词也不尽相同。第八，在韩国语中，同一个助词可以表达不同的含义。最后，助词中存在一种特殊的助词叫补助词或添意助词，它们附着在体词、格助词、副词及词尾之后，起到添加某种辅助意义的作用。

韩国语的谓词，以及具有谓词性质的叙述格助词"이다"的词干之后必不可少的、表示语法意义的可变要素叫作词尾。据统计，韩国语中有500余个词尾。这些词尾根据其所处位置不同，可以分为语末词尾与先语末词尾。语末词尾接在词干之后，能够单独与词干构成单词。先语末词尾位于词干与语末词尾之间，不能单独与词干构成单词，必须与语末词尾相结合，才能构成完整的单词。根据语法功能不同，语末词尾又可以分为终结词尾与非终结词尾。终结词尾出现在句末，具有结束句子的功能。终结词尾根据其完结句子方式不同，又可以分为陈述形词尾、疑问形词尾、命令形词尾、感叹形词尾、共动形词尾。非终结词尾无法存在于句末，是用来连接分句与分句、谓词与谓词，或用来改变词性的词尾。非终结词尾可再分为连接词尾与转成词尾。连接词尾根据其语法功能不同，可以分为对等形连接词尾、从属形连接词尾、辅助形连接词尾3种。根据转成词尾赋予谓词的不同词性，转成词尾可以分为定语词尾、名词形词尾以及副词形词尾。从形态上看，词尾具有以下特征。首先，词尾须添加在词干之后，无法独立存在于句中。其次，词尾在与先行音节结合时，受到先行音节中所含元音的种类、是否含有收音等因素的影响，通常情况下，词尾形态会发生改变，但也有像"-더라，-烈-，-자"之类的词尾，无论其前的音节是什么，它们的形态都不会发生改变。最后，在谓词及叙述格助词"이다"的词干之后，可以连续添加多种词尾，表示较为复杂的语法含义。

除了屈折法之外，构词法也是韩国语形态学研究的重要对象。词由词素构成，词素是含有一定词汇意义或语法意义的最小单位。韩国语中有名词、代词、数词、动词、形容词、助词、副词、冠形词、感叹词等9种词。依据词在句中的功能、形态特征及意义，可以将这9种词分为5类。第一，名词、代词、数词后面可以接助词，在句中主要作主语，是句子的主干、主体，同时，它还可以充当宾语或补语等成分，因此统称体词。第二,动词与形容词后面可以接词尾,在句中作谓语,用来说明主语的动作变化或性状,因而统称谓词。第三,助词依附于体词之后,表示一定的语法关系,因而称为关系词。第四,副词与冠形词在句中对中心语起修饰或限定作用,因而称为修饰词。最后,感叹词相对独立于其他句子成分之外,跟其他句子成分相比独立性较强,因而称为独立词。考察词的内部结构,以及词的形态与语义之间的关系,探寻词群在词形、语义、功能上的相关性与类同性,能更好地追寻词的构词规则及词类在句子中的组合规律。

在韩国语中,词的结构可以是单一的,也可以是复杂的。只由一个实质词素构成的词为单纯词,这一词素既可以是单音节的,也可以是多音节的。由两个或两个以上的实质词素构成的词叫复合词。在复合词中,无论是实质词素添加形式词素构成的派生词,还是实质词素相结合构成的合成词,含有实质词素的部分称为词根,含有形式词素的部分称为词缀。在词汇形成的过程中,词根是词的核心部分,词缀是附加在词根前、后,表示附加意义的附属部分。了解韩国语的构词法,对于学习者迅速扩大词汇量、准确了解单词含义具有非常重要的意义。

在韩国语中,词根与词缀结合构成新词的方法叫作派生法,通过派生法构成的词称为派生词。根据词缀在词中所处的位置,可以将词缀分为前缀与后缀。相应地,前缀与词根结合的构词法就是前缀派生法,后缀与词根结合的构词法就是后缀派生法。前缀派生法不能够改变原有词根的词性,但可以对词根的含义起到修饰、限定的作用。前缀派生法主要适用于名词、动词及形容词的派生。在韩国语中,后缀的数量明显多于前缀。后缀不仅能增添词汇意义,而且能改变原有词根的词性,对原有的句子结构也会产生影响。后缀派生法主要适用于名词、动词、形容词、副词等的派生。

合成法是将两个或两个以上的实质词素,即词根,按照一定的顺序组合成词的一种构词方法。根据词根的组合方式不同,可以将合成法分为句法合成法与非句法合成法。所谓"句法合成法"是指两个或两个以上的词根在组合时,其排列顺序以及组合规则完全遵循韩国语句法规则的合成法,而"非句法合成法"是指两个或两个以上的词根在组合时,其排列顺序以及组合规则违背韩国语句法规则的合成法。用合成法构成的词类主要有名词、动词、形容词、冠形词、副词等。此外,合成词中还有一类由两个语义相同或相近的词根重叠而成的重叠合成词。重叠合成词主要包含重叠名词与重叠副词两类。

另外,根据词的来源,韩国语中的词可以分为汉字词、固有词、外来词等。其中,汉字词所占比重接近60%,是韩国语词汇中不可缺少的一部分,因此探究汉字词的特征与构词方法也是韩国语构词法的重要组成部分。汉字词的构词功能比固有词强大,具有以下特征。第一,部分汉字词既可以出现在其他汉字词之前,也可以出现在其他汉字词之后。第二,汉字词中的部分词兼具词根与词缀的功能。第三,汉字词在构成重叠合成词时,其构词方法与固有词存在相似性与差异性。第四,在汉字词中,存在能够与词以及词组结合的后缀。第五,部分汉字词的构成完全遵循韩国语的语音规则。第六,汉字

词词根与固有词词根结合构成合成词的情况，以及汉字词作为词缀，与固有词结合构成派生词的情况，在现代韩国语中也非常常见。第七，由汉字词词根构造出的派生词或合成词以名词居多。最后，汉字词的语序与韩国语的基本语序相悖的情况也很常见，如"독서（读书），하차（下车）"等，这是由于汉语的基本语序与韩国语的基本语序不同所致。

汉字词的构词方法与固有词的构词方法类似，包括派生法和合成法。其中，派生法包括前缀派生法与后缀派生法。根据词根之间的句法关系，由汉字词合成法构成的合成词的结构包含"主语+谓语"结构、"状语+谓语"结构、"谓语+状语"结构、"谓语+宾语"结构等4种类型。此外，在汉字词合成词中，构词方式最有特点的应属重叠合成词。除此之外，由于汉字词构词成分的含义较为明确，因而在汉字词合成词的形成过程中，通过"缩略（축약）"这种方式构造合成词的现象也非常常见，这也是汉字词合成词有别于固有词合成词的另一大特征。

如前所述，学习与研究韩国语形态学是学习与研究韩国语音系学、句法学、语义学的基础。因为在韩国语音系学研究中，需要探讨词的形态与词的语音系统两者在构词过程中的关系；在韩国语句法学中，要探究词如何形成短语和句子，以及如何支配短语与句子的规则；在韩国语语义学中，词本身的语义、词的语义变化、词的语义关系等，都是其考察的重要内容。毋庸置疑，韩国语形态学是韩国语语言学研究中不可规避的概念，在韩国语语言研究中的作用举足轻重。

通过本书九个章节的论述，我们较为全面地向读者展现了韩国语形态学的全貌，并借助语言类型学的视角，兼论汉语、英语等语言的相关特征，力求深入浅出，期待在为读者普及韩国语形态学基础知识的同时，能够唤起普通读者、韩国语专业的学生、同行对韩国语形态学研究领域的关注。正如王文斌教授所述，"只要语言中的句子和短语由词组合而成，只要词具有其内部结构，只要人类的发音是为了组成词、短语和句子，那么形态学在语言学研究中就有存在的必要。"[①]对于韩国语形态学来说，必然也有其研究与发展的广袤空间。

[①] 王文斌.什么是形态学[M].上海：上海外语教育出版社，2014：15.